DIE LIEBE IST EINE HIMMELSMACHT

Die Macht der Liebe versetzt Berge

Band 6
Glaube & Psychotherapie

Dr. med. Hedwig Uecker Geischläger

Dr. med. Hedwig Uecker Geischläger

Die Liebe ist eine Himmelsmacht
Das Herz ist es, was Nähe schafft

Bibliografische Information der Deutschen
Nationalbibliothek:
Die Deutsche Nationalbibliothek verzeichnet diese Publikation
in der Deutschen Nationalbibliografie; detaillierte bibliografische Daten sind im Internet über www.dnb.de abrufbar.

ISBN: 978-3-7693-7856-6 (Hardcover)
ISBN: 978-3-7693-7855-9 (Paperback)
© 2025

WWW.GHOSTWRITER-BUCHAUTOR.COM

Konzept und Inhalte: Dr. Uecker Geischläger
Buchmanuskript - Covergestaltung: Alois Gmeiner
Gesamtlayout, Grafik, KI-Fotos: Alois Gmeiner
StockFotos: Freepik
Foto S.5: ©Dompfarre.info/Suzy Stöckl

Verlag: BoD · Books on Demand GmbH, Überseering 33,
22297 Hamburg, bod@bod.de
Druck: Libri Plureos GmbH, Friedensallee 273,
22763 Hamburg

Inhalt

Vorwort

von Dompfarrer
Toni Faber

Dr. Hedwig Ücker-Geischläger ist beruflich profiliert und reich an Lebenserfahrung. Als Ärztin und Psychotherapeutin ist sie bestens vertraut mit Verletzungen an Leib und Seele. Das durfte ich bei gemeinsamen Seminaren der Dompfarre St. Stephan mit der Charismatischen Gebetsrunde, bei denen Frau Dr. Ücker-Geischläger als Referentin und Seelsorgerin tätig war, oftmals erleben.

Geht es um den Menschen, ist ein eindimensionaler Blick selten hilfreich; viel zu komplex sind wir geschaffen: Körper, Seele, Geist, Einflüsse aus Familie und Umwelt – erst alles im Zusammenwirken macht uns zu den originellen Personen, die wir sind. Das ist einerseits ein Geschenk, andererseits eine Herausforderung, da es keine einfachen und allgemeingültigen Lösungen gibt. Jeder Mensch ist in seinem Sein und Erleben originell und deshalb individuell

5

wahrzunehmen und je nach Lebenssituation zu behandeln.

Der Glaube kann für christliche Menschen eine zentrale Quelle der Lebensfreude und der Sinnerfüllung sein. Er möchte ebenso hilfreich sein bei der Bewältigung von Leid und Not, Trauer und Krankheit. Hier schlägt die Allgemeinmedizinerin und Psychoanalytikerin wichtige Brücken: Träume, heilende Worte, Zuversicht, helle, lichtvolle Gedanken – all dies sind zentrale, spannende Elemente der christlichen Spiritualität, die mithelfen können, Linderung und Heilung zu bewirken, seelische Knoten zu lösen und körperliche Schmerzen zu lindern.

Zum Licht kommen, mit Freude ernten, Träume als Boten Gottes sehen, das gelingt vielen besser, wenn diese Haltungen entsprechend angeleitet, eingeübt und unterstützt werden. Die Erfahrung und das Wissen von Frau Dr. Ücker-Geischläger haben bisher schon vielen Menschen helfen können, ihre Sicht auf sich und auf Situationen besser zu verstehen.

„Glaube und Psychotherapie", so der Titel dieser Buchreihe, ist die Verschriftlichung dessen, was in den Seminaren hörbar war. Das Lesen ermöglicht eine Verinnerlichung, die durchs Zuhören allein oft nicht erzielt werden kann.

So bin ich dankbar für die Mühe, die in dieses Buchprojekt investiert worden ist. Erkenntnisse der Psychotherapie sind hier mit Aussagen der Bibel und der Religion in Verbindung gebracht, mit dem Ziel, dass sich die Leserschaft in der eigenen Haut wohler fühlt, Dankbarkeit für das eigene Leben empfinden und Verfestigung im Glauben erleben kann.

In tiefer Dankbarkeit für das gemeinsame Arbeiten in der Erneuerung und Vertiefung der Heilung an Leib und Seele wünsche ich den geschätzten Leserinnen und Lesern die Berührung des Heiligen Geistes, die ich oft genug selbst bei den Vorträgen von Frau Dr. Ücker-Geischläger wahrgenommen habe.

Dompfarrer Toni Faber

Unser Wiener Stephansdom in seiner
ganzen Pracht! www.stephansdom.at

Liebe – Urgrund aller Arznei

Am Valentinstag verschenken wir Blumen, meist mit einem Herzen auf einem dünnen Draht. Für manchen, vor allem wenn es rote Rosen waren, sollte das symbolisieren: „Ich schenk' dir mein Herz", übersetzt: Ich schenke dir meine Liebe, oder: Meine Liebe gehört dir, so wie die roten Rosen oder auch andere Blumen. Vielleicht sind manche von Ihnen auch bei der Segnung der Liebenden im Dom. Liebe ist einfach etwas Wunderbares.

Ein Blumenstrauß, der mit Liebe geschenkt war, war für eine meiner Patientinnen eine Arznei. Sie erzählte: „Sie wissen, ich kann mich seit Monaten nicht mehr freuen, die Antidepressiva haben wohl geholfen, aber es hat etwas gefehlt. Gestern bekam ich zum Valentinstag von meiner Schwester, die sich längere Zeit nicht gemeldet hatte, einen kleinen Blumenstock mit eben aussprossenden Tulpen. Ich habe mich so gefreut, und täglich, wenn ich schaue, wie viel die Tulpen gewachsen sind, freue ich mich wieder und manchmal hält diese Freude sogar einige Stunden an."

Das Blumenstöckerl war Arznei für die Seele, nicht das Stöckerl alleine, sondern vor allem die neuerliche Zuwendung und das liebevolle Gespräch mit ihrer Schwester.

Die wichtigste Voraussetzung, dass unser Gehirn Glücksbotenstoffe in die Blutbahn sendet, sind Anerkennung, Wertschätzung und Zuwendung!

Joachim Bauer formuliert folgende Voraussetzungen für das Gelingen einer guten Beziehung:

1. Sehen und Gesehenwerden
   (das 'Ansehen', das jemand hat, wird von Menschen gegeben, auch von uns)
2. gemeinsame Aufmerksamkeit gegenüber etwas Drittem
3. emotionale Resonanz
4. gemeinsames Handeln und
5. das wechselseitige Verstehen von Motiven und Absichten

(Vgl. Joachim Bauer, Prinzip Menschlichkeit, Hoffmann & Campe 2006, S. 190)

Franz Alt (am Ende dieses Buches gibt es mehr Weisheiten von ihm zu lesen) weiß ebenfalls, wie sehr zarte Blumen als starke Symbole dienen. So zitiert er in seinem Buch „Liebe ist möglich", eine berühmte Aussage vom großen Hindu Mahatma Gandhi. Er wurde einmal von christlichen Missionaren gefragt, was sie tun müssten, damit die Inder Jesus besser verstehen. Gandhi: „Denken Sie an das Geheimnis der Rose: Sie tut gar nichts, aber sie duftet. Und deshalb lieben sie alle. Duften Sie also, meine Herren!"

Franz Alt meint dazu: Nur wer grundsätzlich jede Gewalt ablehnt, die private und die politische, kann im Sinne Gandhis „nach Jesus und daher auch nach Liebe duften". Viele Friedensbewegte können sich ihre Argumente gegen politische Gewalt ersparen. Sie bleiben wirkungslos, wenn zugleich private Gewalt gegen Ungeborene gerechtfertigt wird. Schade um Kraft und Energie, die beide Seiten verschwenden, solange beide Seiten auf einem Auge blind sind. Natürlich ist es besser, auf einem Auge etwas zu sehen als auf gar keinem. Aber zum richtigen Sehen gehören halt zwei. Selbst ein Blinder, der die Sonne nicht sieht, fühlt sie. Ein Mensch, der diesen Namen verdient, fühlt zumindest die Liebe und lässt sie andere fühlen.

Jedes Leben ist ein Streben nach Liebe. Die Liebe braucht den anderen. Liebe braucht Geduld. Ein Apfelbaum dient eine ganze Saison einem Apfel, so wie eine Mutter mit ihrem Körper während einer Schwangerschaft ihrem Kind dient. Allein die geduldige Liebe macht das Unmögliche möglich: in der Politik wie im privaten Leben. Liebe muss nicht siegen. Liebe ist. Liebe wird siegen. Die Liebe ist die innere, wahre Weltreligion der zukünftigen Menschheit. Soweit der deutsche Journalist, Buchautor und Fernsehmoderator Franz Alt. (Vgl. Franz Alt, Liebe ist möglich, Piper 1989)

Wir haben im vorigen Band bereits von der Wichtigkeit der Liebe in der zwischenmenschlichen Beziehung gesprochen, von der Wichtigkeit von Beziehung überhaupt und von der Notwendigkeit der Selbstliebe.

Als Menschen sind wir auf Beziehung hin geschaffen – daher ist das Wichtigste im Leben die Liebe.

Ein klein wenig möchte ich noch über die Selbstliebe sprechen: Über Selbstakzeptanz und Selbstanerkennung, über ein „aufmerksames Herz" auch für sich selbst zu haben, sich selbst nicht fremd sein, sich selbst gut sein und auch für sich selbst „da" zu sein.

Nun möchte ich noch einen anderen Aspekt bringen ...

Geistige Nahrung

Viele von uns essen sehr überlegt und gesundheitsbewusst, kein Schweineschmalz, kein Pökelfleisch, kein altes halbverfaultes Gemüse oder halbverfaultes Obst, rauchen nicht, trinken wenig oder gar keinen Alkohol – aber wie sieht das mit der geistigen Nahrung aus? Ziehen Sie sich da alles hinein, was sich gerade anbietet, oder wählen Sie aus?

Der Neurobiologe Spitzer: *„Was auch immer ein Mensch an geistiger Nahrung zu sich nimmt, wirkt sich auf ihn, auf sein Gehirn aus. Es ist daher ratsam, vielleicht mehr als bisher (und in jedem Fall vergleichsweise mehr als im Hinblick auf unseren Magen) auf unsere geistige Nahrung zu achten.“* (Spitzer Manfred, Nervensachen, Suhrkamp 2005, S. 17)

Womit ich mich beschäftige, worüber ich nachdenke, worüber ich rede, was ich mir im Radio anhöre, ob ich Radio Maria höre oder betäubende Musik, ob ich fernsehe, etwa „Universum", Wissenschaftssendungen oder Filme mit Mord, Totschlag und

14

Porno, alles wirkt sich in meinem Gehirn aus. Sie können sich wahrscheinlich selbst gut vorstellen, was Sie bereichert und was Ihnen schadet.

Daher ist bewusstes Auswählen sehr wichtig. Dieses Kindling – so nennt die Psychotherapie die Bevorzugung bestimmter Themen –, in unserem Fall die Bevorzugung religiöser Themen, ist für Christen sicher sehr wichtig. Soll man uns ruhig für weltfremd halten, wenn wir über die letzten Morde in der Welt nicht genau informiert sind, dafür aber wissen, wie wir unsere alte Großmutter zu pflegen haben.

Was könnte ich also tun, damit meine Stunden und Tage heller, schöner, mehr mit Freude ausgefüllt sind? Damit ich an Gott und SEINE LIEBE denke und mich mit IHM verbunden fühle?

Anselm Grün schreibt: *„Um Gott begegnen zu können, muss ich erst einmal mir selbst begegnen. Ich muss erst einmal bei mir sein. Und das bin ich im Normalfall nicht. Denn wenn ich mich beobachte, so entdecke ich, dass meine Gedanken hin- und herwandern,* *dass ich irgendwo mit meinen Gedanken bin, nur nicht bei mir. Ich habe keinen Kontakt zu mir, die Gedanken reißen mich aus mir heraus und führen mich woanders hin. Nicht ich denke, sondern es denkt in mir, die Gedanken verselbständigen sich, sie überdecken mein eigentliches Ich.*" (Anselm Grün, Gebet als Begegnung, Vier-Türme 1994, S. 11)

Grün empfiehlt nun als Beginn, erst einmal mit sich selbst in Berührung zu kommen und er zitiert Cyprian von Karthago: *„Wie kannst du von Gott verlangen, dass er dich*

hört, wenn du dich selbst nicht hörst? Du willst, dass Gott an dich denkt, und du selber denkst nicht an dich. " (a.a.O., S. 11)

Wenn ich bei mir nicht zu Hause bin, wird Gott mich nicht antreffen können, wenn er zu mir kommen will. Ich soll ehrlich in mich selbst hineinhorchen. Evagrius Ponticus: *„Willst du Gott erkennen, so lerne dich vorher selber kennen. "*

Grün schlägt vor, sich immer wieder zu fragen: „Wer bin ich?" Dann werden spontan Antworten oder Bilder kommen. Und zu jeder dieser Antworten kann ich ja oder nein sagen, aber auch sagen, das bin ich nicht, das ist nur ein Teil von mir. Ich soll mir bewusst werden, dass ich nicht identisch bin mit meiner Rolle als Hausfrau, als Geschäftsfrau, als Vorgesetzte, als Ärztin.

„Wer bin ich wirklich? Ich bin auch nicht identisch mit meinen Gefühlen und Gedanken. Die Gedanken und Gefühle sind in mir, aber das Ich geht nicht in ihnen auf, es ist jenseits allen Denkens und Fühlens zu suchen. Wir können dieses Ich nicht definieren und festhalten. Aber indem wir immer tiefer in uns hineinfragen, werden wir eine Ahnung von dem Geheimnis des eigenen Ich bekommen.

Ich, das ist mehr als sich von anderen zu unterscheiden, mehr als der bewusste Personkern, mehr als das Ergebnis meiner Lebensgeschichte. Das Ich heißt: Ich bin von Gott bei meinem Namen gerufen, mit einem unverwechselbaren Namen. Ich bin ein Wort, das Gott nur in mir spricht.
Mein Wesen besteht nicht in meiner Leistung, nicht in meinem Wissen, auch nicht in meinem Fühlen, sondern in dem Wort, das Gott zu mir in mir spricht und das nur in mir und durch mich in dieser Welt vernehmbar werden kann.
Sich selbst begegnen heißt daher, eine Ahnung von diesem einmaligen Wort Gottes in mir zu bekommen. Gott hat schon durch meine Existenz gesprochen, er hat sein Wort

in mir gesagt. Beten als Selbstbegegnung heißt, in seinem innersten Geheimnis Gott zu begegnen, der mich in mir selbst angesprochen und sich in mir ausgesprochen hat." (Anselm Grün, Gebet als Begegnung, Vier-Türme 1994, S. 12 ff)

Grün schlägt noch einen anderen Weg zum eigenen Ich vor, und zwar über die Atmung.

„Im Ausatmen kann ich mir vorstellen, dass ich alle Masken und Rollen von mir abfallen lasse, alles, was mein Wesen verstellt.
Beim Einatmen kann ich mir das Bild vor Augen halten, dass Gottes Geist in mich einströmt und dass er den eigentlichen Kern, das unverfälschte Wesen wachsen lässt, wie eine Knospe, die noch unberührt ist.

Im Einatmen komme ich dann in Berührung mit meinem innersten Kern, mit dem echten Ich, mit dem Bild, das Gott sich von mir gemacht hat.
Auch hier kann ich das Ich nicht festhalten, ich erahne nur im Atmen, dass ich das Geheimnis erspüre, das meine Einmaligkeit ausmacht. " (Anselm Grün, Gebet als Begegnung, Vier-Türme 1994, S. 12 ff)

Angefangen von der Selbstliebe, denn wir sollen doch auch zu uns eine gute Beziehung haben. Von Gott her soll ich mich anerkennen, um meinen Wert wissen, also Wertschätzung und Zuwendung auch für mich selbst haben. Im Sinne des Gebotes: „Du sollst den Nächsten lieben wie dich selbst" dürfen, ja sollen wir auch eine gute Beziehung zu uns selbst haben.

Nun, manchmal allerdings fühlen wir uns nicht anerkannt, nicht wertgeschätzt und erleben auch keine Zuwendung. Niemand da, der „ein Herz für uns hat"!

Ich möchte Ihnen aufzeigen, dass „Gott immer ein Herz für uns hat"!

Gott liebt uns

Erinnern Sie sich an das Motto einer der Papstreisen: „Wer glaubt, ist niemals alleine"? Jene, die wirklich glauben, dass Jesus ein Herz hat für sie, fühlen sich auch nie ungeliebt – wer an die Liebe Christi glaubt, fühlt sich immer geliebt!

Natürlich gibt es hier Ausnahmen: Wenn in frühester Kindheit oder auch später schwere Enttäuschungen zu verkraften waren, dann muss so jemand viel Geduld aufbringen, bis er/sie wieder an die Liebe glauben kann. Ja, wir sollten einfach in Christus verliebt sein. Damit es uns leichter fällt, Christus zu lieben, hat er uns durch die Hl. Maria Alacoque sein Herz gezeigt, und uns die Verehrung dieses Herzens empfohlen.

Das Herz ist ein Ursymbol der menschlichen Liebe sowie des Innersten der Person. Das Herz ist auch Symbol für das seelisch-geistige Zentrum des Menschen. *„Man sieht nur mit dem Herzen gut"*, schreibt Saint-Exupéry.

Das Herz ist aber auch als Ursymbol der göttlichen Liebe aufzufassen. Gott hat immer ein Herz für uns – das ist für mich die Botschaft der Herz Jesu Verehrung! Ich denke, Liebe ist wirklich die beste Arznei. Zum Thema Liebe darf einfach das Herz unseres Herrn Jesus Christus nicht fehlen.

Die Herz Jesu Verehrung ist in den letzten Jahrzehnten sicherlich seltener geworden, leider und zu Unrecht. Sie ist aber noch immer lebendig. So fand ich im Internet 2500 Einträge über Herz Jesu Verehrung. Dort fand ich Formulierungen wie:

In der Sprache der Bibel ist das „Herz" nicht irgendein Organ, sondern ein Begriffsbild für das menschliche Wesen, die personale Mitte eines Menschen. (vgl. z.B. Joh 14,1; 16,22)

Die Herz Jesu Verehrung will steinerne Herzen durch liebende Herzen nach dem Vorbild Christi ersetzen. Verehrung bedeutet auch nachahmen. Letztlich ist Herz Jesu Verehrung Nachfolge Christi. Die Liebe Christi, die sich hier kundtut, ist Arznei für die Seele, damit unsere Seele wieder ganz heil werden kann. Die Herz Jesu Verehrung will steinerne Herzen durch liebende Herzen nach dem Vorbild Christi ersetzen.

Ich kannte ein 17-jähriges Mädchen, nicht besonders fromm, keinen Bezug mehr zur

Kirche. Diese junge Frau war todunglücklich und auf der Suche nach Sinn und Halt in ihrem Leben. „Wozu soll das Leben gut sein, es schmerzt nur, ich will es nicht", sagte sie mir. „Ich ertrag' es fast nicht mehr", jammerte sie immer wieder.

Eines Tages kam sie mit einem Herz Jesu Bild, sie habe es in einer Buchhandlung gesehen und sei irgendwie fasziniert gewesen. Sie machte einige Einkäufe, aber es zog sie immer wieder zu dieser Buchhandlung zurück, endlich kaufte sie dieses Bild. „Ja, da ist ER, auf den ich so lange gewartet habe, alleine Sein Anblick macht mich glücklich."

In der Nacht darauf hatte sie einen Traum: Das Bild nahm Gestalt an und beugte sich über sie und sagte: „Du bist doch mir geweiht, ich bin immer bei dir." Die junge Frau erzählte den Traum tiefbewegt und berichtete noch dazu, dass sie sich jetzt erinnern könne, dass ihre Taufpatin ihr gesagt hatte, sie habe sie extra in einer Herz Jesu Kirche taufen lassen und sie dem HEILIGSTEN HERZEN JESU geweiht. Das junge Mädchen beschäftigte sich nun mit seinem Glauben, nahm an Glaubensseminaren teil, aktivierte alte Freundschaften mit religiösen Menschen. Die Psychotherapie gestaltete sich von dann an wesentlich intensiver und es fühlte sich bald von seinem Lebensüberdruss geheilt. „Wenn Christus mich liebt", sagte sie, „dann hat alles Sinn."

Ein anderes Beispiel ist eine 21-jährige Studentin, die vom Land in die Stadt kam, hier niemanden kannte und, da sie selbst nicht besonders kontaktfreudig war, auch kaum richtigen Anschluss finden konnte. Ihr Pfarrer zu Hause hatte ihr zwar die Adresse eines befreundeten Pfarrers gegeben, aber sie war aus Schüchternheit dort nicht hingegangen. Nun fühlte sie sich zunehmend einsam und verlassen.

Da sah sie eines Tages eine Ankündigung für den „Herz Jesu Studientag". Sie ging dort hin und war von der liebevollen Art der sie umgebenden Teilnehmerinnen so beeindruckt, dass sie sich auch mitteilen konnte und Anschluss fand an eine religiöse Gruppe, die es ihr ermöglichte, positiv zu wachsen und nicht mehr einsam zu sein.

Gott hat ein Herz für uns – das sollten wir niemals vergessen.

Das Herz und insbesondere das Herz Jesu hat für uns eine emotionelle Kraft in unserer rationalen und materiellen Welt. So kann uns die Herz Jesu Verehrung die Bedeutung und Wichtigkeit von Herzlichkeit und emotionaler Wärme vermitteln.

Wenn der Hirnforscher Joachim Bauer schreibt, dass der Mensch für gelingende Beziehungen konstruiert ist, so ist das für mich auch und vor allem die Beziehung zu Gott.

ER hat uns also erschaffen zu IHM hin und unruhig ist unser Herz, bis es ruht bei IHM (frei nach Augustinus).

In der Herz Jesu Verehrung sehe ich eine wunderbare Hilfe für meine Beziehung zu Gott. Christus bietet mir sozusagen SEIN HERZ dar, als sichtbares Zeichen SEINER LIEBE, und diese SEINE LIEBE ist ARZNEI für die Seele.

Unser Gottesbild

Anselm Grün schreibt in seinem sehr lesenswerten Büchlein „Gebet als Begegnung", dass viele meinen, sie würden Gott doch längst kennen. *„ Wir beten ja schon lange zu ihm. Wir haben ja schon genug von ihm gehört und können uns vorstellen, wer er ist. Aber stimmt das, was wir von Gott wissen, mit dem wirklichen Gott überein? (Oder projizieren wir nur unsere Wünsche und Sehnsüchte auf Gott?) Entstammen unsere Gottesbilder nur unserer Erziehung oder den Phantasien des eigenen Herzens?"* (Anselm Grün, Gebet als Begegnung, Vier-Türme 1994, S. 14)

„Die Bilder, die wir uns von Gott machen, sind wie Fenster, durch die wir in die richtige Richtung schauen. Aber Gott ist jenseits der Bilder, er lässt sich nicht festlegen durch die Bilder." (a.a.O., S. 15)

Ja, zu Gottesbildern fällt mir eine Situation ein, die ich im Oktober vor einigen Jahren erlebt habe bei einem Kongress in Graz: „Psychiatrie, Psychotherapie und Religion" hieß der Titel und ich hatte einen kurzen

Vortrag über „Hirnforschung und Religion" gehalten. Am Ende des Vortrags bei der Diskussion meldete sich einer der Zuhörer und sagte unter anderem: „Gott ist doch nur Einbildung." Ich musste lächeln und fragte ihn: „Was ist denn Einbildung?" Und ich gab sofort die Antwort: „Einbildung heißt in der Psychologie, sich ein Bild von etwas machen ... und ich habe ein wunderschönes Bild von Gott", worauf fast alle anderen Zuhörer mir schallenden Applaus spendeten und der Vorsitzende sagte: „Danke, das war jetzt ein schönes Schlusswort!" Ich bin sicher, die meisten der Applaudierenden hatten auch ein sehr positives Gottesbild.

„Auf der einen Seite brauchen wir Bilder, um uns Gott vorzustellen und um ihm begegnen zu können. Aber auf der anderen Seite müssen wir diese Bilder immer wieder übersteigen auf den eigentlichen Gott hin ... Er ist der unendliche Gott, der Schöpfer, aber er ist auch der, der sich jetzt um mich kümmert, der mich jetzt liebend anschaut. Gott ist der, der das große Universum geschaffen hat, aber er ist auch in mir, mir innerlicher als ich mir selbst bin. Gott ist der barmherzige Vater, der mich liebend

aufnimmt, aber er ist auch der Herr, vor dem mir nichts anderes übrig bleibt als vor ihm nieder zu fallen. Gott ist mir vertraut, weil er sich mir geoffenbart hat und weil ich Ihm in mir selbst begegne, aber Er ist zugleich der ganz Andere, Unverfügbare, Unverständliche, der alle unsere theologischen Lehrsätze immer wieder in Frage stellt. " (Anselm Grün, Gebet als Begegnung, Vier-Türme 1994, S. 14 f)

Elisabeth ist 58 Jahre alt, hat zwei erwachsene Kinder und einen berufstätigen Ehemann. Sie kommt von einer Kur zurück, es ist später Nachmittag, der Ehemann müsste schon zu Hause sein, sie freut sich auf ihn. Sie betritt die Wohnung, ruft seinen Namen, es bleibt ruhig, sie geht ins Wohnzimmer, der Ehemann ist nicht dort, sie geht ins Schlafzimmer, auch dort ist er nicht, da geht sie in die Küche und sieht auf dem Tisch einen Zettel liegen. Ach, denkt sie, er wird später kommen. Sie nimmt den Zettel zur Hand und traut ihren Augen nicht, da steht: „Ich bin ausgezogen – ich komme nicht wieder."

Nun, Sie können sich vorstellen, wie schrecklich das für diese Frau war. Elisabeth war fassungslos, einer Ohnmacht nahe, sie konnte es einfach nicht glauben, aber die persönlichen Dinge ihres Mannes waren nicht mehr da. Zwei Tage lang schluchzte sie nur, ohne zu schlafen und zu essen, dann fing sie an zu beten und dann hatte sie den Gedanken: „Aber Gott hat mich nicht verlassen, ich weiß doch, dass er mich liebt – ich will mich an SEIN HERZ wenden." Das brachte Erleichterung, sie litt sehr lange daran, dass sie ihrem Mann nicht einmal ein Gespräch vorher wert gewesen war. Nach Jahren sagte sie mir, dass sie ohne ihren Glauben diesen Verrat an ihrer Liebe nicht ertragen hätte.

Das Herz meines Heilandes

In der Herz Jesu Verehrung wird vielen Menschen bewusst, dass Gott uns, also auch mir Sein Herz geschenkt hat. SEIN HERZ spricht einfach mein Gefühl an.

In der Neurobiologie weiß man inzwischen, dass jene Erinnerungen, die mit Gefühl verbunden sind, am wirksamsten gespeichert werden. Daher sind auch gefühlsmäßige Verletzungen so belastend und so hartnäckig. Gläubige Menschen können mit solchen Verletzungen dadurch besser zurechtkommen, dass sie sich immer wieder die Liebe Christi ins Gedächtnis rufen, darüber meditieren und sich in diese Liebe hineinfallen lassen.

Der Neurobiologe Spitzer: *„Je länger und je tiefer man über etwas nachdenkt, umso eher bleibt es im Gedächtnis hängen. Diese alte Erfahrung wurde von der experimentellen Psychologie immer wieder bestätigt."* (Manfred Spitzer, Nervensachen, Suhrkamp 2005, S. 113)

Dieser Satz aus der Hirnforschung sagt mir Folgendes: Ich soll nicht immer wieder meine Verletzungen anschauen und meditieren, ja, hin und wieder vielleicht, wenn es sinnvoll ist, aber grundsätzlich mich nicht in den negativen Gefühlen baden, sondern über das Positive in meinem Leben, über die Geschenke Gottes an mich nachdenken und mich daran erfreuen. Ist es denn nicht erfreulich, dass er mir SEIN HERZ anbietet, es zu lieben?

Etwas anderes ist auch sehr interessant und wichtig: Je öfter ich an etwas denke, vor allem, wenn es mit einem guten Gefühl verbunden ist, umso stärker wird diese (neuronale) Nerven-Verbindung im Gehirn. Wir können uns das so vorstellen, wie wenn ein Muskel dadurch immer dicker wird und stärker und robuster, je öfter ich ihn gebrauche. Das wissen besonders die sportlichen Männer, die ihren Bizeps gut trainiert haben.

Hier haben wir wieder das Prinzip „use it or loose it" – gebrauche es oder verliere es. Das gilt für die Muskeln, aber auch für die Nervenbahnen im Gehirn. Und wofür ich diese Nervenbahnen verwende, das hängt zum Großteil von mir selbst ab, falls ich mich nicht „leben lasse".

Was hat das nun mit Herz Jesu Verehrung zu tun?

Wenn ich mich gefühlsmäßig auf das HERZ MEINES HEILANDES einlasse, wenn ich mich auf SEINE LIEBE einlasse, in schwierigen Situationen dieses gütige, liebevolle Bild in mir entstehen lasse, wird das auch in meinem Gehirn seine Spuren hinterlassen und ich werde beruhigt und gestärkt meine Probleme lösen können.

Die Bevorzugung bestimmter Themen nennt man in der Psychologie „Kindling", und dieses Kindling spielt auch in der Hirnforschung eine große Rolle.

„Was sind Ihre bevorzugten Gedanken? Womit stehen Sie morgens auf? Mit einem Lied auf den Lippen? Womöglich einem Preislied an den Herrn? Dann sind Sie wirklich auf dem bestmöglichen Weg, einen frohen Tag zu erleben. Ist aber Ihr erster Gedanke: „Oh weh, was wird mich heute wieder erwarten, wenn dieser Tag nur schon vorüber wäre, wie werde ich den wohl schaffen" und Ähnliches, dann haben Sie wahrscheinlich tatsächlich einen schweren Tag vor sich. Und tagsüber geht das innere Gejammer weiter? Oder sind Sie hoffnungsvoll und denken an gute Dinge,

die auch an diesem Tag passieren könnten? Womit beschäftigen Sie sich, wenn Sie nicht mit Ihren täglichen Pflichten beschäftigt sind?" (vgl. Anselm Grün, Gebet als Begegnung, Vier-Türme 1994, S. 17 f)

Jetzt stellt sich natürlich die Frage, warum wir nicht nur unseren Partner oder unsere Freunde lieben sollen, sondern auch die Kirche? Hier hat Kardinal Franz König einige Zeilen in seinem Buch „Gedanken für ein erfülltes Leben" geschrieben, die ich für relevant halte.

DIE KIRCHE LIEBEN

„Die Kirche lieben – ja, kann man das überhaupt? Man redet heute oft über die Kirche, aber man denkt dabei weit weniger an die Gemeinschaft des Glaubens und des Vertrauens auf Gottes Wort, als an eine Institution, die sich für die Armen einsetzen soll und die Maßstäbe für eine moralische Ordnung innerhalb der Gesellschaft verkündet. Verbunden damit ist zumeist viel – nicht immer unberechtigte – Kritik. Der 'liebe Gott', seine Liebe zu uns, bleibt bei einer solchen Vorstellung im Hintergrund – und der Mensch mit seinen Fehlern steht im Vordergrund. Ich meine, das ist ein sehr schiefes Bild von einer Kirche, die durch das Eingreifen Gottes in die Geschichte gebaut wurde. Die Vorstellung von einer solchen Kirche, wie wir es heute oft in den Medien vorgesetzt bekommen, fordert viele zur Kritik heraus. Das beginnt beim Papst, setzt sich fort bei den Bischöfen, den Priestern, den Gruppeninteressen und Spannungen zwischen so genannten konservativen oder progressiven Christen. Aber merkwürdig: Jeder Kritiker spricht immer nur über die anderen. Er fragt sich, so

scheint es, nie selbst: Wie könnte ich es besser machen; was müsste ich in meinem Leben ändern, um der guten Sache besser zu dienen? Liebe zur Kirche bedeutet nicht: Liebe zu einem Gebäude oder zu einer nur menschlichen Institution. Liebe zur Kirche bedeutet vielmehr: Dankbarkeit, Geborgenheit, große Wertschätzung für alles, was Gott für jeden einzelnen von uns getan hat. Liebe zur Kirche bedeutet aber auch: Nachsicht und Verzeihen, Großmut für das viele menschliche Versagen in dieser Gemeinschaft. Liebe zur Kirche bedeutet daher weiter: Gottes Plan und Weisung aufzunehmen und – trotz aller Schwierigkeiten – durch das eigene Leben weiterzugeben. Liebe zur Kirche heißt ganz einfach: Liebe zu Gott und Liebe zu den Menschen, innerhalb der Kirche – und auch außerhalb."

(Kardinal Franz König, Gedanken für ein erfülltes Leben, Styria 2004)

Der Mensch lebt von Beziehung

Viele Patienten freuen sich schon auf die nächste Psychotherapiestunde: „Da kann ich endlich ich selbst sein", sagen manche, oder: „Ich kann mich aussprechen, ich habe jemanden, der mir zuhört."

Christus und besonders sein Herz hat immer Sprechstunde, warum nehmen wir diese Sprechstunden so wenig in Anspruch?

Romano Guardini schrieb über seine Depression, wie schrecklich sie war und dass der einzige Ort, wo er sich besser fühlen konnte, vor dem Allerheiligsten war.

Sollte also ein Gespräch mit Gott nicht viel mehr sein als ein Gespräch mit einem Menschen? Zeigt ein gutes Gespräch mit einem verständnisvollen Menschen oder mit einem geliebten Menschen, der dazu noch verständnisvoll ist, doch schon seine gute Wirkung – wie viel mehr ein Gespräch mit Gott.

Beten ist ein Gespräch mit Gott, auch wenn wir uns fallweise nur als Sprecher erleben.

Bei bestimmten Psychoanalysen, wo der Patient auf der Couch liegt, spricht auch der Analytiker kaum ein Wort, aber er hört zu. Wir können sicher sein, dass uns auch Gott zuhört. Wenn wir öfter und länger beten, werden wir auch merken, dass da in unserem Inneren eine Antwort ist.

Wir brauchen das Gespräch mit einem aufmerksamen Gegenüber, das kommt in der Hirnforschung ganz klar heraus.

Joachim Bauer beschreibt, dass bestimmte Zellverbände (Motivationssysteme, Belohnungssystem) auf Zuwendung und gelingende Beziehung zu anderen zielen. *„Dies erklärt die bekannte Tatsache, dass Menschen nach dem Verlust wichtiger zwischenmenschlicher Bindungen oft einen Einbruch ihrer Lebensmotivation erleben und von Gefühlen der Sinnlosigkeit geplagt sind."* (Vgl. Joachim Bauer, Prinzip Menschlichkeit, Hoffmann & Campe 2006, S. 36 ff)

Wie wir wissen, sind Verlusterlebnisse häufig Auslöser psychischer Krisen oder Auslöser von Angst und Depressionen.

Der Neurobiologe weiter: *„Alle Ziele, die wir im Rahmen unseres normalen Alltags verfolgen, die Ausbildung oder den Beruf betreffend, finanzielle Ziele, Anschaffungen etc. haben aus der Sicht unseres Gehirn ihren tiefen, uns meist unbewussten 'Sinn' dadurch, dass wir damit letztlich auf zwischenmenschliche Beziehungen zielen, das heißt, diese erwerben oder erhalten wollen. Das Bemühen des Menschen, als Person gesehen zu werden, steht noch über dem, was landläufig als Selbsterhaltungstrieb bezeichnet wird. Nicht nur Personen, auch Tiere, die gegen ihren Willen dauerhaft ausgegrenzt und isoliert werden, verlieren alles Interesse am Leben, verweigern die Nahrung, werden krank und sterben. (...)*

Das Bemühen von Kindern und der Erfolg ihres Tuns werden entscheidend dadurch angestoßen und befördert, dass eine erwachsene Person schlicht und einfach anwesend ist und sich – ohne dabei weiter aktiv zu werden – für ihr Tun interessiert. Auch dort, wo unsere – kleineren oder größeren – Vorhaben auf den ersten Blick keine zwischenmenschlichen Aspekte zu haben scheinen, richten wir uns damit im Grunde immer an andere, für uns bedeutsame Personen." (a.a.O., S. 36 ff)

Interessant ist, dass es bereits bei der Wahrnehmung eines in Aussicht stehenden sozialen „Objekts" zur Weckreaktion der entsprechenden Nervenzellverbände (motivierenden Dopamin-Achse) kommt, also bevor das Ziel der Wünsche erreicht ist.

Dieses „In-Aussicht-Stellen" eines sozialen Kontaktes wird von den Emotionszentren registriert und führt von hier aus zu einer unverzüglichen Mobilisierung jener Nervenzellverbände, die Handlungsbereitschaft auslösen, uns also in Richtung Mitmensch motivieren.

Dieses biologische Belohnungssystem macht deutlich, dass wir Menschen auf Mitmenschlichkeit angelegt sind und nicht in erster Linie auf Aggression etc. Religiöse Menschen haben das zwar immer schon gewusst, jetzt bekommen wir gleichsam eine Bestätigung durch die Hirnforschung und können selbstbewusster sagen: Darwin hat einfach nicht recht.

Besonders heftig reagieren jene bestimmten Zellverbände im Gehirn des Menschen, wenn Liebe im Spiel ist, egal ob es sich um kindliche, elterliche oder partnerschaftliche Liebe handelt. Wenn wir also Gott in besonders liebevoller Weise zugetan sind, erleben wir auch in dieser Beziehung sehr positive Gefühle. Gute Beispiele bieten uns die Mystikerinnen, wie die Hl. Hildegard von Bingen, Theresa von Avila oder Mechthild von Magdeburg:

O Du fließender Gott an Deiner Minne,
O Du ruhender Gott an meiner Liebe ...

Wenn wir soziale Unterstützung, sprich Nächstenliebe, geben, kommt es ebenfalls zur Ausschüttung sogenannter Wohlfühlstoffe im Gehirn.

Besonders interessant finde ich auch, dass bereits durch das Auftauchen geliebter Personen unsere Wohlfühlstoffe im Gehirn aktiviert werden. Ebenso verhält es sich, wenn wir Musik machen, ob singen oder ein Instrument spielen, ja bereits das genussvolle Zuhören von für uns angenehme Musik kann uns in bessere Stimmung bringen.

Auch mit dem gemeinsamen Lachen verhält es sich ähnlich.

Von einer wissenschaftlichen Beobachtung unter dem fMRT (funktionellen Magnet-resonanztomographen) möchte ich Ihnen noch berichten, etwas ganz Wichtigem für unseren Alltag.

Freundliche Gesichter stimmen uns zufrie-den, ja manche, manches Mal sogar richtig glücklich. Die Wissenschaftler konnten feststellen, dass bestimmte Hirnareale, die für positive Gefühle zuständig sind, durch freundliche Gesichter aktiviert wurden, und Hirnareale, die für Angst zuständig sind, deaktiviert wurden. (Aktivierung des Nucleus accumbens und Deaktivierung der Amygdala). Bei unfreundlichen Gesichtern passiert das Gegenteil: Die Amygdala wird aktiv und Angst wie Aggressionen kommen auf.

Nach den Ergebnissen von Kampe et al. (2001) geht es nicht so sehr um die Schönheit der Gesichter, sondern um die freundliche Zuwendung. Augenkontakt verstärkt offenbar – unabhängig vom Geschlecht – die Attraktivität eines grundsätzlich freundlichen Gesichtes und den Effekt im Belohnungssystem. (vgl. Dieter F. Braus, EinBlick ins Gehirn, Thieme 2003, S. 34)

Zusammenfassend möchte ich Ihnen nun vor allem mitgeben, dass Gott immer ein liebendes Herz für uns hat das ist die Botschaft der Herz Jesu Verehrung und dass wir in der Herz Jesu Verehrung eine wunderbare Hilfe für unsere Beziehung zu Gott haben.

Christus bietet mir sozusagen SEIN HERZ dar, als sichtbares Zeichen SEINER LIEBE, und diese SEINE LIEBE ist ARZNEI für unsere Seele. Das Herz ist aber auch als Ursymbol der göttlichen Liebe aufzufassen.

Gott hat immer ein Herz für uns. Ich denke, Liebe ist wirklich die beste Arznei!

Zum Abschluss möchte ich den Hl. Augustinus zitieren: *„Liebe und tue, was du willst!"*

Das ist kein Freibrief für Unsinn oder Unmoral etc., sondern ich meine, echte Liebe wirkt immer heilend, aufbauend, beglückend, beruhigend, ja sogar schmerzstillend kann sie sein!

Die Liebe Jesu zu seinen Jüngern und zu seinen Gläubigen war grenzenlos, geschlechtsneutral und zu jeder Zeit vollkommen.

Liebe ist die beste Arznei, das beste Heilmittel, nicht nur gegen Liebeskummer, sondern bei allen Formen von Leiden, Krankheiten und Schmerzen, und wenn sie auch nicht immer unseren Körper heilt, Liebe heilt unsere Seele.

Nach all den Ausführungen kluger, hoch-
gebildeter Menschen, etwas ganz Einfaches
und zu Herzen Gehendes, ein Gedicht
unseres Heimatdichters Karl Heinrich
Waggerl:

Es ist kein Trost und kein Heil
bei der Weisheit der Weisen
und bei der Macht der Mächtigen,
denn der Herr kam nicht zur Welt,
damit die Menschen stärker und klüger,
sondern damit sie sanfter und gütiger
würden.
Und darum sind es allein die Kräfte des
Herzens,
die uns vielleicht noch einmal
werden retten können.

(Karl Heinrich Waggerl,
aus der Erzählung „Die stillste Zeit im Jahr")

Liebe und heilende Worte

Es ist immer wichtig, eine positive Haltung gegenüber dem Leben zu haben. Worte, Sätze, Psalmen, Gedichte und Bibelsprüche wiederholen, umso fester verankert sind sie in der Biologie des Gehirns, nämlich in den Gehirnzellen.

Ich empfehle gerne, eine kleine Hausapotheke anzulegen mit besonders guten Worten und guten Sätzen, die Sie bei Angst, Stimmungsschwankungen und Hilflosigkeitsgefühlen oder Kränkungen zu Hilfe nehmen.

Prof. Johannes Huber sagte in einem Interview, dass Gebete und Meditation einen enormen Einfluss auf die Gesundheit haben.

Das wissen wir ja schon lange, nehme ich an, erwähnenswert ist es aber doch, dass auch ein Wissenschaftler derzeit dieselbe Meinung hat. Prof. Huber wörtlich: *„Weil man sich durch das Gebet auch spirituell entspannt. Alles, was mit dem Nervus vagus (eig. Anm.: jener Nerv, der für Entspannung* *und Erholung zuständig ist) zu tun hat, dazu gehören Spiritualität, Gebete und Meditation, hat einen enormen Einfluss auf die Gesundheit.* " (aus: Der Hausarzt, 11/2018, S. 41)

Wir sollen alle uns zur Verfügung stehenden Möglichkeiten nützen, um unser Gehirn so zu pflegen, dass es uns und sich selbst vor Schaden bewahrt:

physisch
emotional
mental
spirituell

1.) physisch
– Gesunde Ernährung, Maß halten
– „Nichts im Übermaß", stand schon am Tempeleingang von Delphi (neben „Gnothi seauton" – Erkenne Dich selbst)
– keine Gifte, wie Nikotin oder Drogen oder mehr als 1/8 l Alkohol
– ausreichende Bewegung, mindestens 30 Minuten täglich

2.) emotional
– sich nicht zum Zorn hinreißen zu lassen

3.) mental
 - Das Gehirn zum Denken gebrauchen
 - lesen, lernen, ein Instrument spielen, auch Kartenspielen oder andere Denkspiele

4.) spirituell
 - Gebet und geistliche Übungen
 - geistliche Gespräche,
 - Herzensgebet, Anbetung

Die Neurowissenschaft hat entdeckt, dass unser Gehirn auf einem weitaus höheren als dem üblichen Leistungsniveau funktionieren kann, und zwar in jedem Lebensalter, selbst dann, wenn wir schon in den besten Jahren sind. Der Schlüssel liegt in der Neurogenese, also der Bildung neuer Nerven- bzw. Hirnzellen.

Die Neurogenese ist ein lebenslanger Prozess, der sich jedoch ab der Lebensmitte und dann noch einmal im hohen Alter verlangsamt. Nun wurde jedoch entdeckt, dass unsere Neurogenese-Rate in allen Phasen des Erwachsenenalters dramatisch gesteigert werden kann, was sich positiv auf unsere gesamte Lebensqualität auswirkt.

Die gute Nachricht dazu: Auch Ihr Gehirn kann sich jederzeit erneuern, so lange sie noch denken können!

Sie werden sich vielleicht jetzt fragen: Was hat das mit Liebe und heilenden Worten zu tun? Gar sehr viel.

1. Seien Sie sich bewusst, dass Ihr eigenes Gehirn heilsame Worte speichern kann, auch wenn sie 100 Jahre alt sind.
2. Wiederholungen sind ganz wichtig, wenn Sie sich heilsame Worte merken wollen.
3. Das Gebet, Anbetung, geistliche Gespräche und das Lesen erhebt ihre Seele nicht nur zu Gott, sondern stärkt auch ihre Gehirnzellen und es bilden sich neue Gehirnzellen.

Nun kurz noch, was die Quantenphysik darüber weiß. Der Quantenphysiker Bruce H. Lipton schreibt über Transplantations-Patienten, die davon berichteten, dass sie mit ihren neuen Organen auch neue Verhaltensweisen und Körperempfindungen erhalten haben. Diese These unterstreicht eine Geschichte, die ich für sehr aufschlussreich, aber auch erheiternd empfinde: *„Die konservative, gesundheitsbewusste Claire Sylvia aus New England etwa war sehr erstaunt, als sie nach einer Herz- und Lungentransplantation eine von ihr vorher nie verspürte Vorliebe für Bier, Brathähnchen und Motorräder entwickelte. Sie sprach mit der Familie des Spenders* *und erfuhr, dass sie das Herz eines 18-jährigen Motorradfans erhalten hatte, der sich am liebsten von Bier und Brathähnchen ernährte. "* (Sylvia & Novak, Wie ein Spenderherz mein Leben veränderte, Hoffman & Campe 1998)

In einem anderen Buch wurde eine Reihe ähnlicher Geschichten berichtet, wo Patienten mit Transplantationen Erstaunliches erlebten. Am eindrucksvollsten ist wohl diese Erzählung: Ein Mädchen hatte nach einer Herztransplantation heftige Albträume, in denen es um Mord ging. Ihre Träume waren so aussagekräftig, dass sie dazu beitrugen, den Mörder ihres Spenders zu überführen.

Der Quantenphysiker ist der Meinung: *„Auch wenn mein physischer Körper stirbt, ist die 'Sendung' immer noch aktiv. Meine Identität ist eine komplexe Signatur innerhalb der riesigen Menge an Informationen, die alle gemeinsam die Umwelt ausmachen. ...*

Wie wir einen Roboter auf einen Planeten schicken und fernsteuern können, um Informationen über diesen Planeten zu erhalten, so kann man sich vorstellen, dass wir Menschen dazu da sind, unsere irdischen Erfahrungen unserem unsterblichen Geist, unserem eigenen Selbst zu übertragen. Aus dieser Perspektive ergibt sich der folgende Gedanke, dass Evolution ein Aufstieg zu höherem Bewusstsein ist: die Erfahrungen des Lebens werden gesammelt, um das ewige, geistige Selbst zu bereichern." (Bruce H. Lipton, Intelligente Zellen, KOHA 2006)

Kurz gesagt: Jeder Mensch ist nur ein kleiner Teil eines großen Ganzen, ein kleiner Teil Gottes.

Auch die Mystiker gaben solche Hinweise, indem sie von einem Gefühl der Lebenssteigerung infolge einer Berührung mit der transzendenten Wirklichkeit berichten. Ebenso haben Denker wie Platon und Aristoteles solche Hinweise gegeben.

Der Quantenphysiker Bruce H. Lipton schreibt: *„Die Wirkweise der Zellmembran offenbarte mir die Existenz unserer spirituellen Natur und unserer Unsterblichkeit.“* Schwer zu verstehen, wir sollten es ihm aber glauben, wenn er weiter schreibt, *„dass wir unsterbliche, spirituelle Wesen sind, die unabhängig von den Körpern existieren können.“* (Bruce H. Lipton, Intelligente Zellen, KOHA 2006)

Für mich sind die Erkenntnisse der Quantenphysik eine Bestätigung unseres Glaubens an Gott und dass ER wunderbare Kräfte in uns hinein gegeben hat.

Wir haben eine unsterbliche Seele. Und um diese unsterbliche Seele sollten wir uns besonders kümmern, indem wir die seelischen Kräfte erblühen lassen, z. B. durch Liebe, auch Selbstliebe, Dankbarkeit,

Zuwendung, Wertschätzung, Fürsorge, Geduld und wenn notwendig auch Opferbereitschaft.

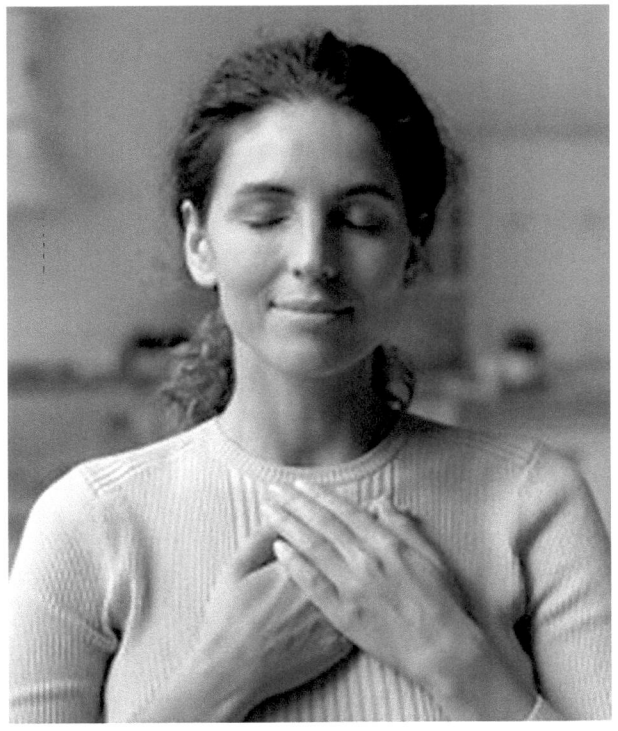

Dankbarkeit zu zeigen und nette Gesten, Worte und Taten auch wertzuschätzen, das ist besonders wichtig für unsere Umgebung und unsere Freunde, Familie und Kollegen.

Hausapotheke der lieben Worte

Ich möchte Sie aufrufen, Ihre eigenen „lieben Worte" zu notieren. Wann immer Sie Sätze, Zitate oder einzelne Worte hören (oder selbst verwenden), die Ihr Herz, oder das eines Gegenübers höherschlagen lassen, dann notieren Sie es hier (oder in einem eigenen kleinen Notizbuch).

Nehmen Sie das Buch immer dann zur Hand, wenn Sie entmutigt, niedergeschlagen oder traurig sind und erinnern Sie sich jener Stunden, in denen sie diese „lieben Worte" von jemandem gehört oder selbst zu jemandem gesagt haben. Vor allem die „selbst erlebten oder selbst gesagten" lieben Worte sind es, die am meisten bewirken. Sie werden sehen, die Erinnerung wird Ihnen zumindest ein kleines Lächeln auf Ihr Gesicht zaubern. Oder vielleicht sogar ihren ganzen Tag erhellen.

Hier sind die ersten liebevollen und heilenden Worte und Zitate, die Sie als Beispiele für die „Hausapotheke der guten Worte" verwenden könnten:

✦ *„Du bist das beste Kind, das man sich wünschen kann"* – ich zu meinem Kind

✦ *„Das war total mutig von Ihnen, sich für die Gerechtigkeit einzusetzen"* – ein unbekannter Passant

✦ *„Die Liebe ist geduldig und freundlich; die Liebe eifert nicht; die Liebe treibt nicht Mutwillen, sie bläht sich nicht auf."* – 1. Korinther 13:4

✦ *„Wenn du nur einen Grund zum Lächeln hast, dann lächle."* – Unbekannt

✦ *„Liebe heilt alle Wunden."* – Katharina von Siena

✦ *„Du hast mir heute wirklich sehr geholfen – Danke"* – meine Arbeitskollegin

✦ *„Sei selbst die Veränderung, die du dir wünschst für diese Welt."* – Mahatma Gandhi

✦ *„Glauben bedeutet, den ersten Schritt zu tun, auch wenn du die ganze Treppe noch nicht siehst."* – Martin Luther King Jr.

✦ *„Lass dich nicht vom Bösen überwinden, sondern überwinde das Böse mit Gutem."* – Römer 12:21

✦ *„Ich habe Dich wirklich gern"* – eine Freundin

✦ *„Vertrauen ist der Anfang von allem."* – Unbekannt

✦ *„Die besten und schönsten Dinge auf dieser Welt kann man weder sehen noch berühren, sondern nur im Herzen fühlen."* – Helen Keller

✦ *„Danke für das wundervolle Essen, Mama"* – ich an meine Mutter, die sich sehr über das Lob sehr gefreut hat

✦ *„Jeder, der sich die Fähigkeit erhält, Schönes zu erkennen, wird nie alt werden."* – Franz Kafka

✦ *„Liebe ist, wenn die Seele Heimat findet."* – Unbekannt

✦ *„Der Glaube versetzt Berge."* – Matthäus 17:20

+ *„Ein kleines Dankeschön für Sie – das war sooooo nett von Ihnen"* –
Nachbarin übereicht mir eine Tafel Schokolade, weil ich für sie ein Paket übernommen habe

+ *„Alles, was wir sind, ist das Ergebnis dessen, was wir gedacht haben."* –
Buddha

+ *„Wer die Freiheit aufgibt, um Sicherheit zu gewinnen, wird am Ende beides verlieren."* – Benjamin Franklin

+ *„Fesch sind Sie heute"* – ich zu einer Verkäuferin im Supermarkt

✦ *„In der Ruhe liegt die Kraft."* –
Konfuzius

✦ *„Man merkt, du hast dich sehr bemüht,
das ist eine Freude zu sehen – super –
weiter so"* – ein Lehrer, an den ich
immer noch manchmal denke

Diese Worte und Zitate oder die Erinnerung
an die jeweiligen Situationen können helfen,
Trost, Hoffnung und positive Energie zu
spenden, besonders in schwierigen Zeiten.
Sie sind wie Balsam für die Seele und
können dazu beitragen, eine positive
Haltung zu fördern.

UND NUN WIRD ES ZEIT FÜR EIGENE „LIEBE WORTE" (die ich empfangen oder gesagt habe):

....

....

....

....

.

....

....

....

....

....

....

....

....

....

....

....

....

....

....

....

....

....

....

....

....

....

Kluge Texte über die Liebe und das Leben …

Liebe und Leben – zwei grundlegende Säulen des menschlichen Daseins, die untrennbar miteinander verwoben sind. In diesem Kapitel laden uns die Gedanken und Worte von Edith Stein, einer bedeutenden Philosophin und Mystikerin, dazu ein, über diese tiefen und essentiellen Themen nachzudenken. Ihre Texte, gesammelt in dem Buch „Im verschlossenen Garten der Seele" (Herder 1987), bieten wertvolle Einblicke und inspirierende Perspektiven, die uns zum Nachdenken anregen und unser Herz berühren können.

Edith Steins Weisheiten über die Liebe und das Leben sind nicht nur intellektuelle Reflexionen, sondern auch Zeugnisse eines gelebten Glaubens und einer tiefen inneren Erfahrung. Ihre Worte laden uns ein, innezuhalten und in den verschlossenen Garten unserer eigenen Seele einzutreten, um dort Antworten auf die großen Fragen des Lebens zu finden.

In einer Zeit, in der das Leben oft hektisch und herausfordernd erscheint, bieten diese Texte einen Rückzugsort der Ruhe und Besinnung. Sie erinnern uns daran, dass wahre Weisheit und tiefe Erkenntnis oft aus der Stille und der inneren Einkehr erwachsen. Lassen Sie sich von Edith Steins klugen Gedanken inspirieren und entdecken Sie, wie Liebe und Leben in harmonischem Einklang stehen können.

Die folgenden Zitate und Auszüge aus ihren Werken sollen Ihnen als Wegweiser dienen und Sie dazu anregen, die Schönheit und Tiefe des Lebens und auch der Liebe mit literarischen Augen zu sehen. Mögen diese Worte Ihnen Freude, Inspiration und tiefere Verbindung zum eigenen Inneren schenken.

DAS WESEN DER LIEBE

Das innerste Wesen der Liebe ist Hingabe. Gott, der die Liebe ist, verschenkt sich an die Geschöpfe, die Er zur Liebe geschaffen hat. (EES. 383)

Verlangen, Wollen und Liebe haben alle gemeinsam, daß sie ein Gut bejahen. Das Verlangen ist auf das Empfangen des begehrten Gutes gerichtet, das Wollen auf seine Verwirklichung mit Einsatz des eigenen Tuns, sofern es dessen bedarf. Die Liebe ist Hingabe an das Gut. Hingabe im eigentlichen Sinn ist nur einer Person gegenüber möglich. So geht die Liebe im vollen und eigentlichen Sinn von Person zu Person, wenn es auch mancherlei 'von der Art der Liebe' gibt, was auf Unpersönliches gerichtet ist. Die Hingabe zielt auf Einswerden, sie kommt erst zur Vollendung durch Annahme von seiten der geliebten Person. So fordert die Liebe zu ihrer Vollendung die Wechselhingabe der Personen. Und nur so kann die Liebe auch volles Jasagen sein, weil eine Person sich der andern nur in der Hingabe erschließt. Nur im Eins werden. ist eigentliche Erkenntnis von Personen möglich. Die Liebe in dieser höchsten Erfüllung schließt also die Erkenntnis ein. Sie ist zugleich Empfangen und freie Tat. So schließt sie auch den Willen ein und ist Erfüllung des Verlangens.

Die Liebe selbst hat im Bereich des Endlichen verschiedene Arten und Formen: als Liebe des Niederen zum Höheren hat sie mehr vom Verlangen an sich und ist vornehmlich auf Empfang gestellt; als Liebe vom Höheren zum Niederen ist sie mehr freies Schenken aus eigener Überfülle. Immer muß sie aber Hingabe sein, um echte Liebe zu sein. Ein Begehren, das nur für sich gewinnen will, ohne sich selbst zu geben, verdient den Namen Liebe nicht. Man darf wohl sagen, daß der endliche Geist in der Liebe seine höchste Lebensfülle erreicht. (EES. 416-417)

Wenn die Liebe in ihrer höchsten Erfüllung Wechsel-Hingabe und Einswerden ist, so gehört dazu eine Mehrheit von Personen. Das 'Hängen' an der eigenen Person, die Selbst-Behauptung, die der verkehrten Selbstliebe eigen sind, bilden den äußersten

Gegensatz zum göttlichen Wesen, das ja Selbst-Hingabe ist.

Göttliches Leben aber ist Liebe, überströmende, unbedürftige, frei sich verschenkende Liebe: Liebe, die sich erbarmend zu jedem bedürftigen Wesen herabneigt; Liebe, die Krankes heilt und Totes zum Leben

erweckt; Liebe, die hütet und hegt, ernährt, lehrt und bildet; Liebe, die mit den Trauernden trauert und mit den Fröhlichen fröhlich ist; die jedem Wesen dienstbar wird, damit es das werde, wozu es der Vater bestimmt hat; mit einem Wort: die Liebe des göttlichen Herzens.

(Edith Stein, Im verschlossenen Garten der Seele, Herder 1987)

Hier passen auch ein paar Zeilen von Papst Franziskus aus seiner Enzyklika „Dilexit nos" – über die menschliche und göttliche Liebe des Herzens. Franziskus schreibt:

„Christus zeigt, dass Gott Nähe, Mitgefühl und Zärtlichkeit ist. Wenn er jemanden heilte, zog er es vor, sich zu nähern: Er 'streckte die Hand aus, berührte ihn' (Mt 8,3), 'berührte ihre Hand' (Mt 8,15), 'berührte ihre Augen' (Mt 9,29). Und er heilte Kranke sogar mit seinem Speichel (vgl. Mk 7,33), wie eine Mutter, damit sie ihn nicht für einen Fremden in ihrem Leben hielten. Denn 'der Herr beherrscht die schöne Wissenschaft der Liebkosung. Die Zärtlichkeit Gottes liebt uns nicht mit Worten; er kommt zu uns, und indem er uns

nahe ist, schenkt er uns seine Liebe mit der ganzen möglichen Zärtlichkeit'."

Ein weiterer großer Denker ist Franz Alt, ein deutscher Journalist, Buchautor und Fernsehmoderator, der sich vor allem durch sein Engagement für theologische und ökologische Themen einen Namen gemacht hat und von dem ich einige Passagen aus seinem Buch „Liebe ist möglich" (Piper 1989) hervorheben möchte, die Sie, meine lieben Leserinnen und Leser, vielleicht zum Denken über die Liebe und das Leben anregen werden. Schon im ersten Kapitel seines Buches befasst er sich mit der „guten Nachricht von der Liebe".

Er begibt sich auf die Suche nach diesen guten Nachrichten, aber auch nach Antworten. Antworten, die er in der Bibel, dem „Buch der Bücher" hofft zu finden und das er als das Buch der Liebe bezeichnet.

Franz Alt nimmt uns in seinem ersten Kapitel mit auf eine Reise, um die wahre Bedeutung der Liebe zu entdecken. Er hinterfragt die oberflächliche Verwendung des Wortes „Liebe" und lädt uns ein, tiefer zu vorzudringen, um die wahre Existenz und Energie der Liebe zu verstehen. Für Alt ist Liebe mehr als nur ein Wort – sie ist eine Kraft, die das Leben durchdringt und uns in unserer tiefsten Existenz berührt.

In Zeiten, in denen die Liebe oft missverstanden und falsch interpretiert wird, bieten die Gedanken und Reflexionen von Franz Alt eine Quelle der Inspiration und der Ermutigung. Er zeigt auf, dass die Liebe nicht nur eine romantische Illusion ist, sondern eine kraftvolle Realität, die unser Leben transformieren kann.

Die folgenden wenigen Auszüge aus Franz Alts Werk sollen quasi ein „Teaser" dafür sein, sich näher mit seinen Texten zu beschäftigen, die einem auch sehr dabei helfen, die Tiefe und Schönheit der Liebe zu erfassen und sie im eigenen Leben noch stärker zu integrieren und zu verwirklichen. Lassen Sie sich von der guten Nachricht der Liebe berühren und entdecken Sie, wie sie Ihren Weg erhellen und bereichern kann.

„Die gute Nachricht von der Liebe

Liebe ist in allen Sprachen das wichtigste Wort. Es wird sehr oft gebraucht, aber es bedeutet uns wenig. Warum?
Die Bibel ist das 'Buch der Bücher', das Buch der Liebe. Die Bibel wird sehr oft gekauft. Aber auch sie bedeutet den Käufern oft wenig. Warum?
Das Wort Liebe war zu keiner Zeit so abgedroschen wie heute – die Bibel stand zu keiner Zeit so ungelesen in Bücherregalen wie heute. Wer bezieht schon sein Wissen über die Liebe aus dem Buch der Liebe? Viele ahnen zwar von ferne etwas über die Urwahrheit der guten Nachricht von der Liebe bei Jesus, aber sie erfahren diese Liebe in ihrem Leben nicht mehr. Das Leben Jesu ist uns fremd. Bücher, die nur von

fernen Zeiten handeln, sind vielleicht historisch interessant, aber sie berühren uns kaum noch.

Das Neue Testament als historische Schrift bleibt ein Buch unter vielen. Das Neue Testament jedoch als Zeugnis des Menschen, der als einziger in der Geschichte sagen konnte: 'Ich bin der Weg, die Wahrheit und das Leben', ist einmalig und aufregend. Theologie bleibt langweilig, wenn sie nur fragt: Wer war Jesus? Religion wird in uns lebendig, sobald wir anfangen zu fragen: Wer ist Jesus heute? Was sagt er mir im Atomzeitalter? Die Bergpredigt hat die wichtigsten Worte Jesu zum Inhalt. Die Bergpredigt liest richtig, wer spürt, daß Gott darin ganz persönlich zu ihm spricht über Jesus. Dann kann die Bergpredigt zur Lebens- und Überlebenshilfe werden.

In der bisherigen Geschichte haben Menschen fast immer nur gefragt: Wie war es früher? Das Atomzeitalter überleben wir nur, wenn wir wenigstens anfangen zu fragen: Wie könnte es heute und morgen sein? Was muß ich heute tun, damit es morgen überhaupt gibt?

Seit 2000 Jahren haben sich Christen so sehr auf den Himmel konzentriert, von dem sie doch nichts wissen können, dass inzwischen die Erde, von der sie doch so viel wissen, zu explodieren droht. Die Konzentration auf den Himmel war häufig nur der Vorwand für die Missachtung der Erde und des Menschen.

Vielleicht sind wir erst im Angesicht der atomaren Vernichtung reif für die Bergpredigt, reif für mehr Selbsterkenntnis.

Selbsterkenntnis und Selbstverwirklichung sind nicht identisch mit Egoismus, sondern die Voraussetzung für wirksame Solidarität. 'Wirklich ist der Mensch nur, wenn er auf

Gott als Mittelpunkt ausgerichtet ist. Wenn sein Geist mit dem höchsten Geist in Verbindung steht, findet er in ihm das Gesetz seines Lebens, den Angelpunkt seiner schöpferischen Kraft' (Nicolai Berdjajew). Was Eugen Drewermann für alle religiösen Texte sagt, gilt auch für die Bergpredigt: Es kommt nicht nur auf Erinnerung an, sondern auf Verinnerlichung. Erst was wir innerlich wissen, kann außen wirken. Glaube kann tot sein wie Wissenschaft oder Ideologie, erst das Wissen macht lebendig. Wirkliches Wissen heißt aber: die eigene innere Erfahrung. Inneres Wissen ist wesentlicher als Wissenschaft. Inneres Ergriffen-Sein ist wesentlicher als äußeres Begriffen-Haben. Wirkliche Religion kann man nicht haben, religiös kann man nur sein.

Die heutige Einseitigkeit und Abgespaltenheit unseres Intellekts können wir nur heilen, wenn wir lernen, in unserer Seele die Schwingungen der religiösen Texte zu hören und zu fühlen: ihren Wert für uns heute, hier und jetzt. In seinem heute noch aufregenden Buch 'Die Bergpredigt' schrieb Johannes

Müller, im Jahre 1904: 'Wer über die Berg-predigt nicht außer sich gerät, der hat sie nicht verstanden.'"

Auf Seite 195 seines Buches „Liebe ist möglich" schreibt Franz Alt nach der Kapitelüberschrift: „Die Revolution der Liebe" folgende Zeilen:

„Die Bergpredigt ist keine Ansammlung von Gesetzen, mit denen man regieren könnte, aber sie ist jener lebendige Stachel in unserem Fleisch, mit dessen Hilfe wir uns niemals gewöhnen dürfen an Gewalt und Reichtum, an Ausbeutung und Ungerechtig-keit. Wir haben die Dringlichkeit und Aktualität der Bergpredigt im Atomzeitalter erst wirklich verstanden, wenn wir uns hier und jetzt und heute inspirieren lassen. Solange wir den ersten Schritt immer erst morgen tun wollen oder solange wir darauf warten, dass andere den ersten Schritt tun, haben wir Jesus nicht begriffen.

'Willst du gesund werden?' ist die Frage aller Fragen. Die Bergpredigt ist also die geistige Sprengkraft, mit deren Hilfe allein wir die Welt so, wie sie heute ist, noch aus

82

den Angeln heben könnten. Die Welt befreien wir aus ihrem heutigen Angeln, wenn wir zuerst uns von der Bergpredigt befreien lassen. Unser maßlos gewordenes Leben bedarf der Inspiration der Bergpredigt, damit es wieder zu einem normalen Leben wird. Es geht um die Bewahrung des Lebens. Bewahren wollen heißt konservativ sein."
(Franz Alt, Liebe ist möglich, Piper 1989)

Wähle den richtigen Weg im Leben!

Die Bergpredigt ist für Franz Alt nicht nur eine Sammlung von Sprüchen und Lehrsätzen für uns Menschen, sondern kann und soll ein lebenslanger Begleiter auf dem Weg zur Selbstverwirklichung und zu einem erfüllten Leben sein. Sie lädt uns ein, unser Leben im Licht dieser zeitlosen Weisheiten zu gestalten und unseren eigenen Weg zu finden, der von tiefem Glauben, Mitgefühl und der Suche nach dem Göttlichen geprägt ist.

Wenn Jesus sagt, „Ihr seid das Licht der Welt", ruft er uns dazu auf, unser eigenes inneres Licht zu erkennen und es nicht zu verstecken. In einer Welt, die oft von Dunkelheit und Verzweiflung geprägt ist, sind wir aufgerufen, Licht und Hoffnung zu verbreiten. Dieses Licht ist nicht nur eine spirituelle Metapher, sondern eine Aufforderung zur aktiven Nächstenliebe und zum Dienst am Mitmenschen.

Näher mein GOTT zu Dir

Für mich ist das Wort Begeisterung ein Machtwort. Begeisterung ist für mich nicht nur, wie der Neurobiologe Hüther schreibt, Dünger fürs Gehirn, Begeisterung ist viel, viel mehr.

In diesem Wort ist der Geist des Herrn enthalten – Heiliger Geist. Der Heilige Geist, der Geist ist es, der lebendig macht. Daher macht uns auch Begeisterung lebendig. Charismatische Erneuerung, sie ist die Basis unserer Gebetsgruppe.

Wir stehen unter dem Schutz des Heiligen Geistes. Wir brauchen nur um seine Gaben zu bitten, uns um seine Gaben zu bemühen. Was der Hl. Geist zu bieten hat (frech gesagt), nein, zu schenken hat, sind machtvolle Dinge. In jeder einzelnen Gabe ist Macht.

Wenn wir richtig mit ganzer Kraft und Hingabe bitten, dass er uns erfülle mit seinem Geist, damit wir begeistert mit Seinen Gaben umzugehen lernen:

Weisheit
Einsicht
Gabe des Rates und der Stärke
Erkenntnis (Wissenschaft) und
Frömmigkeit, Ehrfurcht vor dem
Herrn (Gottesfurcht)

Mit der Gottesfurcht ist das so eine Sache, wir sollen, so das Gebot, Gott lieben aus unseren ganzen Herzen – wenn ich liebe, fürchte ich nicht und will ihn auch nicht fürchten. Also für mich ist Gottesfurcht eine schlechte Übersetzung – es sollte Ehrfurcht vor dem Herrn heißen, aber ich bin keine Theologin, nur eine den Hl. Geist Liebende, denn ER ist es, der lebendig und be- geisterungsfähig macht.

Wir können uns auch fragen, wovon möchte ich begeistert sein, und dann über längere Zeit täglich drei Mal darum beten:

1.) um WEISHEIT oder KLUGHEIT, gepaart mit viel Erfahrung – in jedem Alter, wenn wir nie aufgehört haben zu lernen

2.) um EINSICHT, sie hat auch mit SELBSTERKENNTNIS zu tun, ein Dauerbrenner!

3.) um die GABE des RATES, auch hier ist Klugheit wichtig

4.) um STÄRKE, alles vermag ich

5.) um ERKENNTNIS, der Hl. Ignatius von Loyola spricht von der Unterscheidung der Geister

6.) um FRÖMMIGKEIT, diese wird heute von manchen als SPIRITUALITÄT übersetzt

7.) um EHRFURCHT vor dem HERRN

Peale ist der Ansicht, unsere Einstellung ist wichtiger als alle Tatsachen. Eine ängstliche und negative Einstellung führt selten zum Erfolg. Begeisterung in unserem Denken und Handeln ist bei der Überwindung von Schwierigkeiten immer hilfreich. Begeisterung lässt uns Dinge, vor denen wir Angst haben, mit anderen Augen sehen und kann uns im Glauben stärken, dass es für jedes Problem eine Lösung gibt. Tatsachen können wir zwar nicht ändern, aber wir können immer unsere Einstellung dazu ändern. (Vgl. Viktor E. Frankl und N.V. Peale, Was Begeisterung vermag, Heine 1988, S. 139)

Ingeborg Bachmann schreibt in einem Gedicht: *„einen einzigen Satz haltbar zu machen"*. Diesen Satz will ich für mich haltbar machen, weil ich viele Sätze weiß, die ich haltbar machen möchte. Solche Sätze kann ich mir dann immer holen, wenn ich Seelennahrung brauche, ähnlich wie gute süße Himbeermarmelade, die ich eingekocht habe, doch der Vergleich stimmt nicht ganz, denn die Marmelade ist weg, sobald ich sie gegessen habe, der Satz aber, den ich haltbar gemacht habe, durch häufiges Wiederholen, den kann ich mir immer wieder holen.

Übung: Seelennahrung

Überlegen Sie und notieren sich: Welche Worte und welche Sätze möchte ich haltbar machen, damit sie gleichsam in meinem Gehirnregal stehen und ich sie holen kann, wenn ich Seelennahrung brauche?

....

....

....

....

....

....

....

....

....

....

....

....

....

....

....

....

....

....

....

....

....

....

....

....

Ein heilendes Machtwort

Der Hl. Geist hat auch mit einem besonderen MACHTWORT zu tun und über dieses Machtwort möchte ich jetzt etwas ausführlicher sprechen. Dieses Machtwort ist auch ein HEILENDES Wort, ein kraftvolles Wort, das Berge versetzen kann. Wer dieses Wort in seinem Herzen findet ist glücklich und kann den anderen auch glücklich machen. Haben Sie schon erraten, wie dieses Wort heißt?

Ja, es ist die LIEBE !

Ein Wort, das, wenn es aus dem Herzen kommt, dem anderen auch zu Herzen geht, oder er wird sich dieses Wort zumindest zu Herzen nehmen, weil es eben ein Machtwort ist.

Der amerikanische Psychoanalytiker Erich Fromm schrieb im vorigen Jahrhundert das noch immer aktuelle Buch „Die Kunst des Liebens" und ich möchte Teile daraus zitieren, da ich es noch immer aktuell finde.

„Er möchte den Leser davon überzeugen, dass alle seine Versuche zu lieben fehlschlagen müssen, sofern er nicht aktiv versucht, seine ganze Persönlichkeit zu entwickeln, und es ihm so gelingt, produktiv zu werden", er möchte zeigen, *„dass es in der Liebe zu einem anderen Menschen überhaupt keine Erfüllung ohne die Liebe zum Nächsten, ohne wahre Demut, ohne Mut, Glaube und Disziplin geben kann.*
In einer Kultur, in der diese Eigenschaften rar geworden sind, wird die Fähigkeit zu lieben nur selten voll entwickelt. Jeder mag sich selbst die Frage stellen, wie viele wahrhaft liebende Menschen er kennt." (Erich Fromm, Die Kunst des Liebens, Ullstein 1986, Vorwort)

Ist die Liebe nur ein Wort? Ist die Liebe ein seltsames Spiel? Ist die Liebe eine Krankheit? *„Ist Liebe eine Kunst? Wenn es das ist, dann wird von dem, der diese Kunst beherrschen will, verlangt, dass er etwas weiß und dass er keine Mühe scheut. Oder ist die Liebe nur eine angenehme Empfindung, die man rein zufällig erfährt."* (a.a.O. S. 11)

„Die meisten Menschen", so Erich Fromm weiter, *„sehen das Problem der Liebe in erster Linie als das Problem, selbst geliebt zu werden, statt zu lieben und lieben zu können. Daher geht es für sie nur darum, wie man es erreicht, geliebt zu werden, wie man liebenswert wird. (...)*
Hinter der Einstellung, dass man nichts lernen müsse, um lieben zu können, steckt zweitens die Annahme, es gehe bei dem Problem der Liebe um ein Objekt und nicht um eine Fähigkeit. Viele Menschen meinen, zu lieben sei ganz einfach, schwierig sei es dagegen, den richtigen Partner zu finden, den man selbst lieben könne und von dem man geliebt werde. (...)
Diese Auffassung, nichts sei einfacher als zu lieben, herrscht noch immer vor, trotz der geradezu überwältigenden Gegenbeweise.

Es gibt kaum eine Aktivität, kaum ein Unter-
fangen, das mit so ungeheuren Hoffnungen
und Erwartungen begonnen wird und das
mit einer solchen Regelmäßigkeit fehl-
schlägt wie die Liebe." (a.a.O. S. 12 f)

Die Hl. Katharina von Siena drückt es so
aus:

„ohne Liebe kann die Seele nicht leben,
sie muss etwas lieben,
denn sie ist aus Liebe geschaffen!"

„Die Seele ist aus Liebe geschaffen" –
Liebende fühlen das, für diese ist das ganz
klar, aber leider wird das Anfangserlebnis,
„sich zu verlieben", mit dem dauerhaften
Zustand „zu lieben" verwechselt. Die
geheimnisvolle Vertrautheit nimmt ab, es
kommt zu Enttäuschungen, womöglich
Streit oder Langeweile.

Lieben will gelernt sein. Wer das Glück
einer innigen Mutterbeziehung von der
Schwangerschaft an erlebt hat und eine
Mutter hatte, die ihr erwachsenes Kind
liebevoll dem Leben übergeben konnte, sich

abnabeln konnte, so ein Kind weiß einfach was Liebe ist.

Erich Fromm schreibt: „Lieben ist eine Kunst", und ich stimme ihm zu, dass wenn ich diese Kunst in der frühesten Kindheit nicht gelernt habe, einfach am Modell meiner Eltern, dann muss ich diese Kunst eben später mühsam erlernen.

„Der erste Schritt auf diesem Wege ist, sich klarzumachen, dass Lieben eine Kunst ist; wenn wir lernen wollen zu lieben, müssen wir genauso vorgehen, wie wir das tun würden, wenn wir irgendeine andere Kunst, zum Beispiel Musik, Malerei, das Tischlerhandwerk oder die Kunst der Medizin oder Technik lernen wollten." (a.a.O., S. 15)

Wenn also Fromm schreibt, *„dass es in der Liebe zu einem anderen Menschen überhaupt keine Erfüllung ohne die Liebe zum*

Nächsten, ohne wahre Demut, ohne Mut, Glaube und Disziplin geben kann", so sollten wir uns zunächst die Nächstenliebe ansehen.

„Die fundamentalste Art von Liebe, die allen anderen Formen zugrunde liegt, ist die Nächstenliebe. Damit meine ich ein Gespür für Verantwortlichkeit, Fürsorge, Achtung und 'Erkenntnis', das jedem anderen Wesen gilt, sowie den Wunsch, dessen Leben zu fördern. Es ist jene Liebe, von der die Bibel spricht. Liebe deinen Nächsten wie dich selbst. Nächstenliebe ist Liebe zu allen menschlichen Wesen. (...) Simone Weil drückt dies besonders schön aus, wenn sie bezüglich des Bekenntnisses 'ich liebe dich', das ein Mann zu seiner Frau spricht, bemerkt: 'Die gleichen Worte können je nach der Art, wie sie gesprochen werden, Nichts sagend sein oder etwas ganz Außergewöhnliches bedeuten. Die Art, wie sie gesagt werden, hängt von der Tiefenschicht ab, aus der sie beim Betreffenden stammen und auf die der Wille keinen Einfluss hat. Durch eine ans Wunderbare grenzende Übereinstimmung erreichen sie in dem, der sie hört, genau die gleiche

Tiefenschicht. So kann der Hörer erkennen, was die Worte wert sind, sofern er hierfür überhaupt ein Unterscheidungsvermögen besitzt.'" (Simone Weil, 1952, S. 117, zit. aus: Erich Fromm, Die Kunst des Liebens, Ullstein 1986)

Der liebe Gott hat uns so geschaffen, dass er bereits Kräfte in uns hineingelegt hat, in unsere Körperzellen, in unsere Gehirnzellen, dass wir durch ein bestimmtes Denken, durch Gebet und bestimmte Denkmuster gesunden können.

Ich sage können, aber können wir wirklich? Es fehlt uns noch viel Erkenntnis: Wie soll das geschehen? Die Wissenschaft arbeitet schon Jahrzehnte daran.

Wem schenken wir unser Vertrauen? Auch davon hängt die Wirkung der Worte ab. Priester und behandelnde Ärzte sind für viele Menschen meistens sehr bedeutsame Personen, sofern wir ihnen unser Vertrauen schenken, auch in dem Maße, wie wir ihnen Vertrauen schenken, haben ihre Aussagen mehr oder weniger große Kraft.

Faust: *Wenn ihr's nicht fühlt, ihr werdet's nicht erjagen,*
Wenn es nicht aus der Seele dringt
Und mit urkräftigem Behagen
Die Herzen aller Hörer zwingt.

...

Doch werdet ihr nie Herz zu Herzen schaffen
Wenn es euch nicht von Herzen geht

Gedanken, die uns immer wieder in den Sinn kommen, wenn wir sie bejahen, weil es gute Worte sind, die den Hunger der Seele stillen, geben uns auch gute Gefühle, Freude, Zufriedenheit je nach Gedanken, auch Geborgenheit, Antrieb, Stärke und vieles mehr.

Ja, wir brauchen gute Worte, die aus dem Herzen kommen und die wir an den Spiegelneuronen ablesen können. Aber auch mit anderen Menschen, die uns nahe stehen, mit denen wir kommunikativ verbunden sind, können sich gute Worte mächtig auswirken.

So schreibt der Neurobiologe Joachim Bauer: *„Da unser Gehirn Kommunikation*

in Biologie verwandelt, können Worte – dies lässt sich wissenschaftlich einwandfrei nachweisen – auf die gleichen biologischen Rezeptoren einwirken wie Medikamente."
(Joachim Bauer, Selbststeuerung, Blessing 2015, S. 120)

Das müssen wir uns erst einmal auf der Zunge zergehen lassen: Kommunikation, also gesprochene Worte werden in unserem Gehirn in Biologie verwandelt. Worte werden in unserem Gehirn in den Gehirnzellen gespeichert und je nach Bedarf werden auch neue Hirnzellen entstehen.

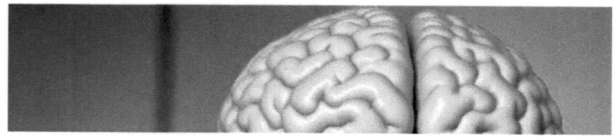

Durch unsere Worte können auch wir Wirklichkeiten schaffen. Jede Erzählung schafft eine neue Wirklichkeit. Ich habe sogar von Untersuchungen gelesen (Anselm Grün, Achtsam sprechen), dass gute Worte und Segensworte, die über Wasser gesprochen werden, die Struktur des Wassers verändern.

Diese Tatsache werden manche von Ihnen vielleicht schon bemerkt haben, die große Liebe und all die lieben Worte sind fest verankert im Gehirn gespeichert. Aber nicht nur bei der großen Liebe, nein, auch bei Freundschaften wird die Kommunikation in Biologie verwandelt. Und so ist es wahrscheinlich auch mit negativen Erfahrungen, die wir nicht mehr so leicht wegbekommen und die uns dadurch unbewusst beeinflussen.

Manchen von Ihnen werden die Londoner Taxifahrer eingefallen sein.

Vor Jahren gab es eine Studie, wo Taxifahrer in London mittels funktioneller Magnetresonanztomographie untersucht wurden und es konnte festgestellt werden, dass die Hirnregion, die für das räumliche Denken zuständig ist, also eine Art eingebautes Hirnnavi, fast doppelt so dick als bei der Durchschnittsbevölkerung war. Auch bei Handwerkern, die eine bestimmte Tätigkeit immer mit Daumen und Zeigefinger durchführen, findet sich eine Verdickung der Gehirnsubstanz in der dafür zuständigen Gehirnregion.

Das heißt, je öfter wir irgendeine Tätigkeit durchführen, umso mehr Gehirnsubstanz ist dafür zuständig. Dasselbe gilt auch für Worte und Sätze, Geschichten, Gedichte, Psalmen und Bibelsprüche: Je häufiger wir Worte, Sätze, Psalmen, Gedichte und Bibelsprüche wiederholen, umso fester verankert sind sie in der Biologie des Gehirns, nämlich in den Gehirnzellen.

Abschließend möchte ich noch auf unser aller Herz zu sprechen kommen. Prof. Johannes Huber schreibt, es handle sich hier um handfeste Physik und nicht um ein romantisches Geplänkel, wenn er von Kommunikation mit dem Herzen schreibe.

„Das Herz ist aufgrund seiner elektromagnetischen Strahlung ein Kommunikationsorgan. Eine Art Turbine, die Strahlungen produziert, und zwar mehr als das Gehirn. Die Fülle von Strahlung, die das Herz aussenden kann, ist messbar. Wir kennen das als EKG, das die Summe der elektrischen Aktivitäten aller Herzmuskelfasern misst. (...)
Das Herz des Menschen kann über ein paar Meter hinweg ausstrahlen." (Johannes Huber, Es existiert, Edition a 2016)

Man sieht nur mit dem Herzen gut,
das Wesentliche ist für die Augen unsichtbar!
(Antoine de Saint-Exupéry)

Nun zurück zur Liebe.

„Echte Liebe ist Ausdruck inneren Produktivseins und impliziert Fürsorge, Achtung, Verantwortungsgefühl und 'Erkenntnis'. Sie ist kein 'Affekt' in dem Sinn, dass ein anderer auf uns einwirkt, sondern sie ist ein tätiges Bestreben, das Wachstum und das Glück der geliebten Person zu fördern."
(Erich Fromm, Die Kunst des Liebens, Ullstein 1986, S. 71)

Dazu ein Satz von Saint-Exupéry: *„Du bist zeitlebens für das verantwortlich, was du dir vertraut gemacht hast!"*

Kehren wir zurück zur Kunst des Liebens.

Wollen wir eine Kunst, wie es die Liebe ist, wirklich lernen, so sind nach Erich Fromm folgende Verhaltensweisen nötig:

1. DISZIPLIN – Man sollte sich in seinem ganzen Leben um Disziplin bemühen. Ohne Disziplin wird das Leben zersplittert und chaotisch und es fehlt ihm an

2. KONZENTRATION, die eine Vorbedingung ist für Meisterschaft einer Kunst. Unsere Kultur führt zu einer unkonzentrierten, zerstreuten Lebensweise. Dieser Mangel an Konzentration kommt auch darin zum Ausdruck, das es uns schwer fällt, mit uns allein zu sein.

3. GEDULD und Hingabe

4. Wichtigkeit, nennt es Fromm, noch wirksamer ist BEGEISTERUNG.

„Wenn man in irgendeiner Kunst zur Meisterschaft gelangen will, muss man ihr sein ganzes Leben widmen oder es doch wenigstens darauf ausrichten. Unsere gesamte Persönlichkeit muss zu einem Instrument zur Ausübung der Kunst werden. (...) Bezüglich der Kunst des Liebens bedeutet das, dass jeder, der ein Meister in dieser Kunst werden möchte, in jeder Phase seines Lebens Disziplin, Konzentration und Geduld praktisch üben muss. " (Erich Fromm, Die Kunst des Liebens, Ullstein 1986)

So, das war jetzt wissenschaftlich, das Herz sagt, frei nach Jakobus: Glaube ohne Werke ist tot, aber auch Liebe ohne Werke der Nächstenliebe ist tot.

Nach Augustinus wären alle Menschen Waisen, gäbe es Gott nicht. Manche Menschen, vor allem junge Menschen fühlen sich tatsächlich als Waise, auch dann, wenn die Eltern bemüht waren und bemüht sind.

Wer sich mit Liebe wappnet,
der überwindet Zorn, Elend,
jede Übermacht und
alles Missgeschick.

MICHELANGELO BUONARROTI

Daher ist er so wichtig, dieser Satz:

> Wir haben eine Mutter und
> wir haben einen Vater !!

Beide sind immer sprechbereit und wollen unser Bestes. Auch wenn wir meinen, keine Antwort bekommen zu haben oder das Gefühl haben, es ist alles dunkel.

Johannes von Kreuz spricht von der „Dunklen Nacht" und auch Guardini hat Ähnliches erlebt und es in seinem Buch „Über die Schwermut" niedergeschrieben. Bitte dieses Buch nur zu lesen, wenn Sie übermütig sind, sonst macht es unnötig traurig. Das Beste, das ich mir davon mitgenommen habe, war, dass Guardini wirklich eine schwere Depression hatte und die einzige Hilfe, wo es ihm gut ging, war die Anbetung vor dem Allerheiligsten. Da war sein VATER, sein Erlöser, sein Geliebter ganz bei ihm.

Gott ist die Liebe – und in diesem Sinne wollen wir täglich der Liebe näher kommen, durch Werke und Worte.

Machtwort über DIE LIEBE – auch vom Heiligen Stuhl

Wie wichtig das Wort „Liebe" auch für die Kirche selbst und seine Vertreter ist, zeigen immer wieder die Verlautbarungen des Apostolischen Stuhls. So wie dieser Auszug aus der Enzyklika DEUS CARITAS EST von Papst Benedikt XVI. an alle Christgläubigen über die christliche Liebe. (Verlautbarungen des Apostolischen Stuhls Nr. 171 vom 25. Dezember 2005)

Ich möchte einige mir wichtige Passagen in dieses Buch einfügen, weil sie sehr gut verdeutlichen, wie sehr das Wunder der Liebe seit jeher und noch immer in der Lehre Jesus Christus verankert ist.

Papst Benedikt schreibt:

„Mit der Zentralität der Liebe hat der christliche Glaube aufgenommen, was innere Mitte von Israels Glauben war, und dieser Mitte zugleich eine neue Tiefe und Weite gegeben. Denn der gläubige Israelit betet jeden Tag die Worte aus dem Buch

Deuteronomium, in denen er das Zentrum seiner Existenz zusammengefasst weiß:
'Höre, Israel! Jahwe, unser Gott, Jahwe ist einzig. Darum sollst du den Herrn, deinen Gott, lieben mit ganzem Herzen, mit ganzer Seele und mit ganzer Kraft' (6,4-5). Jesus hat dieses Gebot der Gottesliebe mit demjenigen der Nächstenliebe aus dem Buch Levitikus: 'Du sollst deinen Nächsten lieben wie dich selbst' (19,18) zu einem einzigen Auftrag zusammengeschlossen (vgl. Mk 12,29-31).

Liebe ist nun dadurch, dass Gott uns zuerst geliebt hat (vgl. 1 Joh 4,10), nicht mehr nur ein Gebot, sondern Antwort auf das Geschenk des Geliebtseins, mit dem Gott uns entgegengeht.

In einer Welt, in der mit dem Namen Gottes bisweilen die Rache oder gar die Pflicht zu Hass und Gewalt verbunden wird, ist dies eine Botschaft von hoher Aktualität und von ganz praktischer Bedeutung. Deswegen möchte ich in meiner ersten Enzyklika von der Liebe sprechen, mit der Gott uns beschenkt und die von uns weitergegeben werden soll. Damit sind bereits die beiden großen, eng miteinander verbundenen Teile dieses Schreibens vorgezeichnet. Der erste wird einen mehr spekulativen Charakter haben, da ich beabsichtige, darin – zu Beginn meines Pontifikats – einige wesentliche Punkte über die Liebe, die Gott dem Menschen in geheimnisvoller Weise und völlig vorleistungsfrei anbietet, zu klären und zugleich die innere Verbindung zwischen dieser Liebe Gottes und der Realität der menschlichen Liebe aufzuzeigen. Der zweite Teil wird konkreterer Natur sein, denn er soll die kirchliche praktische Umsetzung des Gebotes der

Nächstenliebe behandeln. Das Thema erweist sich somit als sehr weitläufig; eine erschöpfende Behandlung übersteigt jedoch den Zweck dieser Enzyklika. Mein Wunsch ist es, auf einige grundlegende Elemente nachdrücklich einzugehen, um so in der Welt eine neue Lebendigkeit wachzurufen in der praktischen Antwort der Menschen auf die göttliche Liebe.

Die Einheit der Liebe in Schöpfung und Heilsgeschichte

Ein sprachliches Problem
2. Die Liebe Gottes zu uns ist eine Grundfrage des Lebens und wirft entscheidende

Fragen danach auf, wer Gott ist und wer wir selber sind. Zunächst aber steht uns diesbezüglich ein sprachliches Problem im Weg. Das Wort 'Liebe' ist heute zu einem der meist gebrauchten und auch missbrauchten Wörter geworden, mit dem wir völlig verschiedene Bedeutungen verbinden. Auch wenn das Thema dieses Rundschreibens sich auf die Frage nach dem Verständnis und der Praxis der Liebe gemäß der Heiligen Schrift und der Überlieferung der Kirche konzentriert, können wir doch nicht einfach von dem absehen, was dieses Wort in den verschiedenen Kulturen und im gegenwärtigen Sprachgebrauch aussagt.

Erinnern wir uns zunächst an die Bedeutungsvielfalt des Wortes 'Liebe': Wir sprechen von Vaterlandsliebe, von Liebe zum Beruf, von Liebe unter Freunden, von der Liebe zur Arbeit, von der Liebe zwischen den Eltern und ihren Kindern, zwischen Geschwistern und Verwandten, von der Liebe zum Nächsten und von der Liebe zu Gott. In dieser ganzen Bedeutungsvielfalt erscheint aber doch die Liebe zwischen Mann und Frau, in der Leib und Seele untrennbar zusammenspielen und dem Menschen eine Verheißung des Glücks aufgeht, die unwiderstehlich scheint, als der Urtypus von Liebe schlechthin, neben dem auf den ersten Blick alle anderen Arten von Liebe verblassen. Da steht die Frage auf: Gehören alle diese Formen von Liebe doch letztlich in irgendeiner Weise zusammen und ist Liebe doch in aller Verschiedenheit ihrer Erscheinungen eigentlich eins.

Oder aber gebrauchen wir nur ein und dasselbe Wort für ganz verschiedene Wirklichkeiten?

,,Eros" und ,,Agape" – Unterschied und Einheit

3. Der Liebe zwischen Mann und Frau, die nicht aus Denken und Wollen kommt, sondern den Menschen gleichsam übermächtigt, haben die Griechen den Namen Eros *gegeben. Nehmen wir hier schon vorweg, dass das Alte Testament das Wort Eros nur zweimal gebraucht, während es im Neuen Testament überhaupt nicht vorkommt: Von den drei griechischen Wörtern für Liebe –* Eros, Philia *(Freundschaftsliebe),* Agape – *bevorzugen die neutestamentlichen Schriften das letztere, das im griechischen Sprachgebrauch nur am Rande gestanden hatte.*

4. (...) Deshalb ist der trunkene, zuchtlose Eros nicht Aufstieg, 'Ekstase' zum Göttlichen hin, sondern Absturz des Menschen. So wird sichtbar, dass Eros der Zucht, der Reinigung bedarf, um dem Menschen nicht den Genuss eines Augenblicks, sondern einen gewissen Vorgeschmack der Höhe der Existenz zu schenken – jener Seligkeit, auf die unser ganzes Sein wartet.

5. Zweierlei ist bei diesem kurzen Blick auf das Bild des Eros in Geschichte und Gegenwart deutlich geworden. Zum einen, dass Liebe irgendwie mit dem Göttlichen zu tun hat: Sie verheißt Unendlichkeit, Ewigkeit das Größere und ganz andere gegenüber dem Alltag unseres Daseins. Zugleich aber hat sich gezeigt, dass der Weg dahin nicht einfach in der Übermächtigung durch den Trieb gefunden werden kann. Reinigungen und Reifungen sind nötig, die auch über die Straße des Verzichts führen. Das ist nicht Absage an den Eros, nicht seine 'Vergiftung', sondern seine Heilung zu seiner wirklichen Größe hin.

Dies liegt zunächst an der Verfasstheit des Wesens Mensch, das aus Leib und Seele gefügt ist. Der Mensch wird dann ganz er selbst, wenn Leib und Seele zu innerer Einheit finden; die Herausforderung durch den Eros ist dann bestanden, wenn diese Einung gelungen ist. Wenn der Mensch nur Geist sein will und den Leib sozusagen als bloß animalisches Erbe abtun möchte, verlieren Geist und Leib ihre Würde. Und wenn er den Geist leugnet und so die Materie, den Körper, als alleinige Wirklichkeit ansieht, verliert er wiederum seine Größe. Der Epikureer Gassendi redete scherzend Descartes mit 'o Geist' an. Und

Descartes replizierte mit 'o Leib!' Aber es lieben nicht Geist oder Leib – der Mensch, die Person, liebt als ein einziges und einiges Geschöpf, zu dem beides gehört. Nur in der wirklichen Einswerdung von beidem wird der Mensch ganz er selbst. Nur so kann Liebe – Eros – zu Ihrer wahren Größe reifen.

Heute wird dem Christentum der Vergangenheit vielfach Leibfeindlichkeit vorgeworfen, und Tendenzen in dieser Richtung hat es auch immer gegeben. Aber die Art von Verherrlichung des Leibes, die wir heute erleben, ist trügerisch. Der zum 'Sex' degradierte Eros wird zur Ware, zur bloßen 'Sache'; man kann ihn kaufen und verkaufen, ja, der Mensch selbst wird dabei zur Ware.

116

In Wirklichkeit ist dies gerade nicht das große Ja des Menschen zu seinem Leib. Im Gegenteil: Er betrachtet nun den Leib und die Geschlechtlichkeit als das bloß Materielle an sich, das er kalkulierend einsetzt und ausnützt. Es erscheint nicht als Bereich seiner Freiheit, sondern als ein Etwas, das er auf seine Weise zugleich genussvoll und unschädlich zu machen versucht. In Wirklichkeit stehen wir dabei vor einer Entwürdigung des menschlichen Leibes, der nicht mehr ins Ganze der Freiheit unserer Existenz integriert, nicht mehr lebendiger Ausdruck der Ganzheit unseres Seins ist, sondern gleichsam ins bloß Biologische zurückgestoßen wird. Die scheinbare Verherrlichung des Leibes kann ganz schnell in Hass auf die Leiblichkeit umschlagen. Demgegenüber hat der christliche Glaube immer den Menschen als das zweieinige Wesen angesehen, in dem Geist und Materie ineinandergreifen und beide gerade so einen neuen Adel erfahren. Ja, Eros will uns zum Göttlichen hinreißen, uns über uns selbst hinausführen, aber gerade darum verlangt er einen Weg des Aufstiegs, der Verzichte, der Reinigungen und Heilungen.

6. Wie sollen wir uns diesen Weg des Aufstiegs und der Reinigungen praktisch vorstellen? Wie muss Liebe gelebt werden, damit sich ihre menschliche und göttliche Verheißung erfüllt? Einen ersten wichtigen Hinweis können wir im Hohelied finden, einem der Bücher des Alten Testamentes, das den Mystikern wohlbekannt ist. Nach der gegenwärtig überwiegenden Auffassung sind die Gedichte, aus denen dieses Buch besteht ursprünglich Liebeslieder die vielleicht konkret einer israelitischen Hochzeitsfeier zugedacht waren bei der sie die eheliche Liebe verherrlichen sollten.

Dabei ist sehr lehrreich, dass im Aufbau des Buches zwei verschiedene Wörter für

118

'Liebe' stehen. Da ist zunächst das Wort 'dodim' – ein Plural, der die noch unsichere, unbestimmt suchende Liebe meint. Dieses Wort wird dann durch 'ahaba' abgelöst, das in der griechischen Übersetzung des Alten Testaments mit dem ähnlich klingenden Wort Agape übersetzt ist und – wie wir sahen – zum eigentlichen Kennwort für das biblische Verständnis von Liebe wurde. Im Gegensatz zu der noch suchenden und unbestimmten Liebe ist darin die Erfahrung von Liebe ausgedrückt, die nun wirklich Entdeckung des anderen ist und so den egoistischen Zug überwindet, der vorher noch deutlich waltete. Liebe wird nun Sorge um den anderen und für den anderen. Sie will nicht mehr sich sie will selbst das Versinken in der Trunkenheit des Glücks das Gute für den Geliebten: Sie wird Verzicht, sie wird bereit zum Opfer, ja sie will es.

Zu den Aufstiegen der Liebe und ihren inneren Reinigungen gehört es, dass Liebe nun Endgültigkeit will, und zwar in doppeltem Sinn: im Sinn der Ausschließlichkeit – 'nur dieser eine Mensch' und im Sinn des 'für immer'. Sie umfasst das Ganze der Existenz in allen ihren Dimensionen,

119

auch in derjenigen der Zeit. Das kann nicht anders sein, weil ihre Verheißung auf das Endgültige zielt: Liebe zielt auf Ewigkeit. Ja, Liebe ist 'Ekstase', aber Ekstase nicht im Sinn des rauschhaften Augenblicks, sondern Ekstase als ständiger Weg aus dem in sich verschlossenen Ich zur Freigabe des Ich, zur Hingabe und so gerade zur Selbstfindung, ja, zur Findung Gottes: 'Wer sein Leben zu bewahren sucht, wird es verlieren; wer es dagegen verliert, wird es gewinnen' (Lk 17,33), sagt Jesus – ein Wort, das in mehreren Varianten bei ihm in den Evangelien wiederkehrt. Jesus beschreibt damit seinen eigenen Weg, der durch das Kreuz zur Auferstehung führt – den Weg des Weizenkorns, das in die Erde fällt und stirbt und so reiche Frucht trägt; Aber er beschreibt darin auch das Wesen der Liebe und der menschlichen Existenz überhaupt von der Mitte seines eigenen Opfers und seiner darin sich vollendeten Liebe her.

9. (...) *Vor allem die Propheten Hosea und Ezechiel haben diese Leidenschaft Gottes für sein Volk mit kühnen erotischen Bildern beschrieben. Das Verhältnis Gottes zu Israel wird unter den Bildern der Brautschaft und der Ehe dargestellt; der Götzendienst ist daher Ehebruch und Hurerei. Damit werden konkret, wie wir sahen, die Fruchtbarkeitskulte mit ihrem Missbrauch des Eros angesprochen, aber damit wird nun auch das Treueverhältnis zwischen Israel und seinem Gott beschrieben. Die Liebesgeschichte Gottes mit Israel besteht im tiefsten darin, dass er*

121

ihm die Thora gibt, das heißt, ihm die Augen auftut für das wahre Wesen des Menschen und ihm den Weg des rechten Menschseins zeigt; diese Geschichte besteht darin, dass der Mensch so in der Treue zu dem einen Gott lebend sich als Geliebten Gottes erfährt und die Freude an der Wahrheit, an der Gerechtigkeit die Freude an Gott findet, die sein eigentliches Glück wird: 'Was habe ich im Himmel außer dir? Neben dir erfreut mich nichts auf der Erde... Ich aber – Gott nahe zu sein ist mein Glück' (Ps 73[72], 25.28).

10. Der Eros Gottes für den Menschen ist – wie wir sagten – zugleich ganz und gar Agape. Nicht nur weil er ganz frei und ohne vorgängiges Verdienst geschenkt wird, sondern auch weil er verzeihende Liebe ist. Vor allem Hosea zeigt uns die weit über den Aspekt der Unverdientheit hinausreichende Agape-Dimension der Liebe Gottes zum Menschen. Israel hat die 'Ehe' gebrochen den Bund; Gott müsste es eigentlich richten, verwerfen. Aber gerade nun zeigt sich, dass Gott Gott ist und nicht ein Mensch: 'Wie könnte ich dich preisgeben, Efraim, wie dich aufgeben Israel? Mein Herz wendet sich gegen mich mein Mitleid lodert auf Punkt ich will meinen glühenden Zorn nicht vollstrecken und Efraim nicht noch einmal vernichten. Denn ich bin Gott, nicht ein Mensch, der Heilige in deiner Mitte' (Hos 11,8–9). Die leidenschaftliche Liebe Gottes zu seinem Volk zu Menschen ist zugleich vergebene Liebe sie ist so groß, dass sie Gott gegen sich selbst wendet, seine Liebe gegen seine Gerechtigkeit. Der Christ sieht darin schon verborgen sich anzeigend das Geheimnis des Kreuzes Gott liebt den Menschen so, dass er selbst Mensch wird, ihm nachgeht bis in den Tod hinein und auf diese Weise Gerechtigkeit und Liebe versöhnt.

17. (...) Und in der weiteren Geschichte der Kirche ist der Herr nicht abwesend geblieben: Immer neu geht er auf uns zu durch Menschen, in denen er durchscheint; durch sein Wort, in den Sakramenten, besonders in der Eucharistie. In der Liturgie der Kirche, in ihrem Beten, in der lebendigen Gemeinschaft der Gläubigen erfahren wir die Liebe Gottes, nehmen wir ihn wahr und lernen so auch, seine Gegenwart in unserem Alltag zu erkennen. Er hat uns zuerst geliebt und liebt uns zuerst; deswegen können auch wir mit Liebe antworten. Gott schreibt uns nicht ein Gefühl vor, das wir nicht herbeirufen können, Er liebt uns, lässt uns seine Liebe sehen und spüren, und aus diesem 'Zuerst' Gottes kann als Antwort auch in uns die Liebe aufkeimen.

Darüber hinaus wird in diesem Prozess der Begegnung auch klar, dass Liebe nicht bloß Gefühl ist. Gefühle kommen und gehen. Das Gefühl kann eine großartige Initialzündung sein, aber das Ganze der Liebe ist es nicht. Wir haben anfangs von dem Prozess der Reinigungen und Reifungen gesprochen, durch die Eros ganz er selbst, Liebe im Vollsinn des Wortes wird. Zur Reife der

Liebe gehört es, dass sie alle Kräfte des Menschseins einbezieht, den Menschen sozusagen in seiner Ganzheit integriert. Die Begegnung mit den sichtbaren Erscheinungen der Liebe Gottes kann in uns das Gefühl der Freude wecken, das aus der Erfahrung des Geliebtseins kommt. Aber sie ruft auch unseren Willen und unseren Verstand auf den Plan. Die Erkenntnis des lebendigen Gottes ist Weg zur Liebe, und das Ja unseres Willens zu seinem Willen einigt Verstand, Wille und Gefühl zum ganzheitlichen Akt der Liebe. Dies ist freilich ein Vorgang, der fortwährend unterwegs bleibt: Liebe ist niemals 'fertig' und vollendet; sie wandelt sich im Lauf des Lebens, reift und bleibt sich gerade dadurch treu. Idem velle atque idem nolle – dasselbe wollen und dasselbe abweisen – das haben die Alten als eigentlichen Inhalt der Liebe definiert: das Einander-ähnlich-Werden, das zu Gemeinsamkeit des Wollens und des Denkens führt.

Die Liebesgeschichte zwischen Gott und Mensch besteht eben darin, dass diese Willensgemeinschaft in der Gemeinschaft des Denkens und Fühlens wächst und so unser Wollen und Gottes Wille immer mehr ineinanderfallen: der Wille Gottes nicht mehr ein Fremdwille ist für mich, den mir Gebote von außen auferlegen, sondern mein eigener Wille aus der Erfahrung heraus, dass in der Tat Gott mir innerlicher ist als ich mir selbst. Dann wächst Hingabe an Gott. Dann wird Gott unser Glück (vgl. Ps 73[72],23-28).

18. So wird Nächstenliebe in dem von der Bibel, von Jesus verkündigten Sinn möglich. Sie besteht ja darin, dass ich auch den Mitmenschen, den ich zunächst gar nicht mag oder nicht einmal kenne, von Gott her liebe. Das ist nur möglich aus der inneren Begegnung mit Gott heraus, die Willensgemeinschaft geworden ist und bis ins Gefühl hineinreicht. Dann lerne ich, diesen anderen nicht mehr bloß mit meinen Augen und Gefühlen anzusehen, sondern aus der Perspektive Jesu Christi heraus. Sein Freund ist mein Freund. Ich sehe durch das Äußere hindurch sein inneres Warten auf einen Gestus der Liebe auf Zuwendung, die ich nicht nur über die dafür zuständigen Organisationen umleite und vielleicht als politische Notwendigkeit bejahe.

Ich sehe mit Christus und kann dem anderen mehr geben als die äußerlich notwendigen Dinge: den Blick der Liebe, den er braucht. Hier zeigt sich die notwendige Wechselwirkung zwischen Gottes- und Nächstenliebe, von der der Erste Johannesbrief so eindringlich spricht. Wenn die Berührung mit Gott in meinem Leben ganz fehlt, dann kann ich im anderen immer nur den anderen sehen und kann das göttliche Bild in ihm nicht erkennen. Wenn ich aber die Zuwendung zum Nächsten aus meinem Leben ganz weglasse und nur 'fromm' sein möchte, nur meine 'religiösen Pflichten' tun, dann verdorrt auch die Gottesbeziehung. Dann ist sie nur noch 'korrekt', aber ohne Liebe.

Nur meine Bereitschaft, auf den Nächsten zuzugehen, ihm Liebe zu erweisen, macht mich auch fühlsam Gott gegenüber. Nur der Dienst am Nächsten öffnet mir die Augen dafür, was Gott für mich tut und wie er mich liebt. Die Heiligen – denken wir zum Beispiel an die selige Theresa von Kalkutta – haben ihre Liebesfähigkeit dem Nächsten gegenüber immer neu aus ihrer Begegnung mit dem eucharistischen Herrn geschöpft, und umgekehrt hat diese Begegnung ihren Realismus und ihre Tiefe eben von ihrem Dienst an den Nächsten her gewonnen. Gottes- und Nächstenliebe sind untrennbar: Es ist nur ein Gebot. Beides aber lebt von der uns zuvorkommenden Liebe Gottes, der uns zuerst geliebt hat. So ist es nicht mehr 'Gebot' von außen her, dass uns Unmögliches vorschreibt, sondern geschenkte Erfahrung der Liebe von innen her, die ihrem Wesen nach sich weiter mitteilen muss. Liebe wächst durch Liebe. Sie ist 'göttlich', weil sie von Gott kommt und uns mit Gott eint, uns in diesem Einungsprozess zu einem Wir macht, das unsere Trennungen *überwindet und uns eins werden lässt, so dass am Ende "Gott alles in allem" ist (vgl. 1 Kor 15,28).*

Liebe ist das einzige,
das wächst,
wenn wir es
verschenken

31.b. (...) Das Programm des Christen das Programm des barmherzigen Samariters, das Programm Jesu ist das 'sehende Herz', Dieses Herz sieht, wo Liebe Not tut und handelt danach. Wenn die karitative Aktivität von der Kirche als gemeinschaftliche Initiative ausgeübt wird, sind über die Spontaneität des einzelnen hinaus selbstverständlich auch Planung, Vorsorge und Zusammenarbeit mit anderen ähnlichen Einrichtungen notwendig.

31.c. Außerdem darf praktizierte Nächsten-liebe nicht Mittel für das sein, was man heute als Proselytismus bezeichnet. Die Liebe ist umsonst; sie wird nicht getan, um damit andere Ziele zu erreichen. Das bedeutet aber nicht, dass das karitative Wirken sozusagen Gott und Christus beiseite lassen müsste. Es ist ja immer der ganze Mensch im Spiel. Oft ist gerade die Abwesenheit Gottes der tiefste Grund des Leidens. Wer im Namen der Kirche karitativ wirkt, wird niemals dem anderen den Glauben der Kirche aufzudrängen versuchen. Er weiß, dass die Liebe in ihrer Reinheit und Absichtslosigkeit das beste Zeugnis für den Gott ist, dem wir glauben und der uns zur Liebe treibt. Der Christ

weiß, wann es Zeit ist, von Gott zu reden, und wann es recht ist, von ihm zu schweigen und nur einfach die Liebe reden zu lassen.

Er weiß, dass Gott Liebe ist (vgl. 1 Joh 4,8) und gerade dann gegenwärtig wird, wenn nichts als Liebe getan wird. Er weiß – um auf die vorhin gestellten Fragen zurückzukommen, dass die Verächtlichmachung der Liebe eine Verächtlichmachung Gottes und des Menschen ist der Versuch, ohne Gott auszukommen. Daher besteht die beste Verteidigung Gottes und des Menschen eben in der Liebe. Aufgabe der karitativen Organisationen der Kirche ist es, dieses Bewusstsein in ihren Vertretern zu kräftigen, so dass sie durch ihr Tun wie durch ihr Reden, ihr Schweigen, ihr Beispiel glaubwürdige Zeugen Christi zu werden.

32. (...) Kirche als Familie Gottes muss heute wie gestern ein Ort der gegenseitigen Hilfe sein und zugleich ein Ort der Dienstbereitschaft für alle der Hilfebedürftigen auch wenn diese nicht zur Kirche gehören. Bei der Bischofsweihe gehen dem eigentlichen freie Akt ragen an den Kandidaten voraus, in denen die wesentlichen Elemente seines Dienstes angesprochen und ihm die Pflichten seines zukünftigen Amtes vorgestellt werden. In diesem Zusammenhang verspricht der zu Weihende ausdrücklich, 'um des Herrn Willen den Armen und den Heimatlosen und allen Notleidenden gütig zu begegnen und zu ihnen barmherzig zu sein'. Der Codex des Kanonischen Rechts (CIC) behandelt in den Canones über das Bischofsamt die karitative Aktivität nicht ausdrücklich als eigenen Sektor des bischöflichen Wirkens, sondern spricht nur ganz allgemein von dem Auftrag des Bischofs, die verschiedenen apostolischen Werke unter Wahrung ihres je eigenen Charakters zu koordinieren. Kürzlich hat jedoch das Direktorium für den pastoralen Dienst der Bischöfe die Pflicht zu karitativem Tun als Wesensauftrag der Kirche im ganzen und des Bischofs in seiner Diözese konkreter entfaltet und hervorgehoben, dass der Liebesdienst ein Akt der Kirche als solcher ist und dass er ebenso wie der Dienst am Wort und an den Sakramenten einen Wesensteil ihres grundlegenden Auftrags darstellt.

33. Was die Mitarbeiter betrifft, die praktisch das Werk der Nächstenliebe in der Kirche tun, so ist das Wesentliche schon gesagt worden: Sie dürfen sich nicht nach den Ideologien der Weltverbesserung

richten, sondern müssen sich von dem Glauben führen lassen, der in der Liebe wirksam wird (vgl. Gal 5,6). Sie müssen daher zuallererst Menschen sein, die von der Liebe Christi berührt sind, deren Herz Christus mit seiner Liebe gewonnen und darin die Liebe zum Nächsten geweckt hat. Ihr Leitwort sollte der Satz aus dem Zweiten Korintherbrief sein: 'Die Liebe Christi drängt uns' (5,14).

Die Erkenntnis, dass in ihm Gott selbst sich für uns verschenkt hat bis in den Tod hinein, muss uns dazu bringen, nicht mehr für uns selber zu leben, sondern für ihn und mit ihm

für die anderen. Wer Christus liebt, liebt die Kirche und will, dass sie immer mehr Ausdruck und Organ seiner Liebe sei. Der Mitarbeiter jeder katholischen Karitativen Organisation will mit der Kirche und daher mit dem Bischof darüber arbeiten, dass sich die Liebe Gottes in der Welt ausbreitet. Er will durch sein Teilnehmen am Liebestun der Kirche Zeuge Gottes und Christi sein und gerade darum absichtslos den Menschen Gutes tun.

36. (...) In dieser Situation ist der lebendige Kontakt mit Christus die entscheidende Hilfe, um auf dem rechten Weg zu bleiben: weder in menschenverachtenden Hochmut zu verfallen, der nicht wirklich aufbaut, sondern vielmehr zerstört, noch sich der Resignation anheimzugeben, die verhindern würde, sich von der Liebe führen zu lassen und so dem Menschen zu dienen. Das Gebet als die Weise, immer neu von Christus her Kraft zu holen, wird hier zu einer ganz praktischen Dringlichkeit. Wer betet, vertut nicht seine Zeit, selbst wenn die Situation alle Anzeichen der Dringlichkeit besitzt und einzig zum Handeln zu treiben scheint. Die Frömmigkeit schwächt nicht den Kampf gegen die Armut oder sogar das Elend des Nächsten.

39. (...) Der Glaube zeigt uns den Gott, der seinen Sohn für uns hingegeben hat, und gibt uns so die überwältigende Gewissheit, dass es wahr ist:

Gott ist Liebe!

So die Worte aus der Enzyklika DEUS CARITAS EST von Papst Benedikt XVI. über die christliche Liebe.

(Verlautbarungen des Apostolischen Stuhls Nr. 171 vom 25. Dezember 2005)

Übung: Näher mein Gott zu Dir

Was ist für Sie wichtig? Versuchen Sie, es jeweils in einem Stichwort zusammenzufassen oder schreiben Sie Ihre Gedanken dazu auf.

✦ Wie ist das mit meiner Nähe zu Gott?
✦ Wie können uns Geschichten hilfreich sein?
✦ Wie können uns Vorbilder helfen?
✦ Gehirnpflege
✦ Neurogenese
✦ glückliches Alter
✦ Begeisterung

....

....

....

....

....

....

138

....

....

....

....

....

....

....

....

....

....

....

....

Gott ist die Liebe

Liebe ist Leben in der höchsten
Vollendung: Sein, das sich ewig hingibt,
ohne eine Verminderung zu erfahren,
unendliche Fruchtbarkeit.

(Texte zum Nachdenken von Edith Stein, Herder 1987)

Ihre Dr. med. Hedwig Uecker Geischläger